Ciao!

Quaderno degli esercizi

FIFTH EDITION

Carla Federici
San José State University (Emeritus)

Carla Larese Riga
Santa Clara University

THOMSON

HEINLE

AUSTRALIA • CANADA • MEXICO • SINGAPORE • SPAIN • UNITED KINGDOM • UNITED STATES

Ciao!
FIFTH EDITION
WORKBOOK/LAB MANUAL
Federici/Riga

Senior Editor: *Sean Ketchem*
Production Editor: *Sally Cogliano*
Marketing Manager: *Jill Garrett*
Manufacturing Coordinator:
  Mary Beth Hennebury

Cover Image: *Imperia, Italy,*
  © David R. Frazier, Photolibrary, Inc.
Compositor: *UG / GGS Information Services, Inc.*
Cover Designer: *Julie Gecha*
Printer: *Globus*

Printed in the United States of America
1 2 3 4 5 6 7 8 9 10   06 05 04 03 02

For more information contact Heinle, 25 Thomson Place, Boston, MA 02210 USA, or you can visit our Internet site at http://www.heinle.com

For permission to use material from this text or product contact us:
Tel   1-800-730-2214
Fax   1-800-730-2215
Web   www.thomsonrights.com

ISBN: 0-8384-5178-0

Table of contents

Preface

Introduction

The *Quaderno degli esercizi* to accompany **Ciao!**, Fifth Edition, contains additional activities for the *Punti di vista* and *Punti grammaticali* sections in your textbook. As you complete each section of the textbook chapters, you may then turn to the *Quaderno degli esercizi* for additional practice, as well as a chance to hear examples of spoken Italian you can interact with via the Audio CDs. Note that the dialogues at the beginning of each chapter in the *Quaderno degli esercizi* are the same as those in your textbook.

Each of the grammar points in the *Punti grammaticali* has two parts: a *Pratica* writing section, and a *Comprensione* listening section, which you can complete at home or in the language lab.

The listening activities follow each of the written sections. When you complete all the written activities for each chapter, you can then go back and do the audio activities. Icons and track numbers will guide you to each of the listening sections. Your written answers to the *Pratica* activities should help you recall each grammar point. When you have completed both the written *Pratica* and the aural *Comprensione* sections, you may then hand the completed chapter in to your instructor.

Each chapter now ends with an *Adesso scriviamo!* short writing activity that recapitulates the vocabulary themes and grammatical structures covered in the chapter.

Pratica

The written activities for each *Capitolo* focus on vocabulary building, practice of structure, comprehension, and cultural enrichment. The answers for the written activities can be found in the separate *Audioscript and Answer Key*.

Comprensione

The *Comprensione* listening activities are to be used in conjunction with the Lab Audio CDs. In the *Punti grammaticali* section, the supplemental grammar exercises progress from simple to more complex. All grammar exercises are four-phased; after the task has been set and you have given your answer, the correct response is provided, followed by a pause for repetition. The exercises follow the sequence of grammatical presentation in the main text.

Note that, even though the listening activities follow the written activities within each grammar point, this is designed to allow you to work within the context of the practice you have already done. You may find it easier to go back to the *Comprensione* sections once you have completed all of the *Pratica* activities for each chapter. This will allow you to do the aural activities at one time, whether at home or in the language lab. Some learners, however, may prefer to have the CDs handy to do the listening activities while they are in the same grammar topic.

Types of Activities

In the *Quaderno degli esercizi*, you will find a wide range of activities that will help you improve your skills in speaking, reading, writing, and listening to the Italian language. The *Punti di vista* activities invite you to play a role in the dialogues from your textbook. Vocabulary-expansion activities help you make the most of the *Studio di parole* material, and activities tied to the cultural topics of each chapter will help you explore Italian culture and everyday life. Additional listening comprehension activities and self-assessment quizzes can be found on the **Ciao!** Web site at **http://ciao.heinle.com.**

Contents of the Lab Audio CDs

The location of the listening material on the CDs is marked at the beginning of each of the *Comprensione* sections. There are a total of seven CDs in the Lab Audio Program. The first CD contains the audio for the introductory *Capitolo preliminare* and *Primo incontro* chapters. On the face of each CD you will find a listing of the chapters that CD contains. Following is a list of the complete Lab Audio Program.

CD Tracklist

Capitolo preliminare

Pronuncia italiana

1. SYLLABICATION

Divide the following words into syllables.

1. Italia _____
2. sette_____
3. domanda_____
4. buongiorno_____
5. piacere _____
6. grazie _____
7. città_____
8. studentessa _____

9. università_____
10. cognome _____
11. scuola _____
12. Leonardo _____
13. affresco _____
14. arrivederci_____
15. signora _____
16. consonante_____

2. COGNATES

A. *Give the English equivalent of the following words.*

1. geografia_____
2. pubblicità_____
3. fisica _____
4. professione_____
5. socialismo_____
6. violenza _____

7. intelligente_____
8. possibile _____
9. finire _____
10. conversazione _____
11. dizionario_____
12. attore_____

13. speciale _____

14. comunità _____

15. corretto _____

16. nervoso _____

17. indicare _____

18. organizzare _____

B. *Give the Italian equivalent of the following words.*

1. direct _____

2. generous _____

3. educate _____

4. original _____

5. terrible _____

6. discussion _____

7. university _____

8. indifference _____

9. pessimism _____

10. salary _____

11. attention _____

12. motor _____

13. pessimist _____

14. music _____

15. difference

16. student _____

1. La pronuncia italiana (CD 1, TRACK 1)

A. *Repeat each letter of the Italian alphabet after the speaker.*

a b c d e f g h i l m n o p q r s t u v z

B. *Five additional letters appear in words of foreign origin. Repeat after the speaker.*

j	k	w	x	y
i lunga	cappa	doppia vu	ics	ipsilon

C. *Write the letter you hear.*

1. __C__   2. _____   3. __P__   4. __R__   5. __F__   6. __K__

7. __Z__   8. __M__   9. __G__   10. __A__   11. __X__   12. __C__

2. Vocali (CD 1, TRACK 2)

A. *The following vowel sounds are pronounced with the tongue toward the front of the mouth and the lips spread, while your mouth opens gradually. Repeat: Words should be pronounced horizontally by the speaker.*

EXAMPLE   si—se—sé—ha, etc.

/ i / as in **vini**

/ e / as in **vede**

/ ɛ / as in **ecco**

/ a / as in **mamma**

Repeat the following groups of words.

/ i /	/ e /	/ ε /	/ a /
i	e	è	ha
si	se	sé	sa
ti	te	tè	tale
li	le	lei	la

Repeat the following pairs of words, noting the difference between the closed and open sound of **e**.

/ e/	/ ε /
sete	sette
vero	verbo
pera	perdere
trenta	testa
francese	fratello

B. *The following vowel sounds are pronounced with the tongue back and the lips rounded, while your mouth closes gradually.*

/ ɔ / *as in* **oggi**

/ o / *as in* **nome**

/ u / *as in* **una**

Repeat the following groups of words, pronouncing them horizontally.

EXAMPLE: ho—o—u

/ ɔ /	/ o /	/ u /
ho	o	un
do	dono	duro
roba	ora	ruba

Repeat the following pairs of words, noting the difference between the closed and the open sound of **o**.

/ o /	/ɔ/
non	no
dono	donna
dove	dorme
giorno	oggi
faro	farò

3. Dittonghi   (CD 1, TRACK 3)

When the letters **i** *and* **u** *are unstressed before or after another vowel, they form a diphthong and acquire the semivowel sounds of* / j / *and* / w /. *Repeat the following words.*

/ j /	più	piano	giorno	mai	noi	ciao
/ w /	uomo	buono	uguale	Guido	Europa	Laura

Two semivowels and one vowel combine to form a triphthong. Repeat after the speaker.

miei   tuoi   vuoi   puoi   suoi

*In stressed position, **i** and **u** are not semivowels and are therefore pronounced as separate sylla-bles. Repeat first the complete word, then the same word divided into syllables.*

mìo	mi-o	paùra	pa-u-ra
tùa	tu-a	farmacìa	far-ma-ci-a
Dìo	Di-o	addìo	ad-di-o

4. Consonanti   (CD 1, TRACK 4)

A. *The single consonants **b, f, m, n,** and **v** are pronounced in Italian as they are in English but are articulated more clearly. Repeat after the speaker.*

/ b /	bene	bambino	bello	biblioteca
/ f /	fame	favore	frase	infelice
/ m /	Milano	metro	bimbo	amo
/ n /	Nina	notte	nome	sano
/ v /	vita	vento	lavoro	avere

Repeat and compare the pronunciation of the following words.

/ f /	/ v /	/ v /	/ b /
fede	vede	vasta	basta
inferno	inverno	vice	Bice
finto	vinto	vado	bado

B. *The consonant **h** is always silent, even in words of foreign origin. Repeat the following words with-out aspiration.*

ho	hanno	oh!	hotel	hostess

C. *The consonants **d** and **t** are similar to English but are more dentalized and without the explosive puff of air distinctive of the English pronunciation. Repeat after the speaker.*

/ d /	due	denti	vado	grande	caldo	modo	dollaro
/ t /	tre	Tivoli	alto	altro	tempo	molto	stanco

Repeat and compare the pronunciation of the following words.

/ t /	/ s /		/ t /	/ d /
tiro	stiro		Tino	Dino
tonare	stonare		moto	modo
torto	storto		alto	Aldo

D. *The consonant **p** is pronounced as it is in English but is less explosive. Repeat after the speaker.*

papa	papà	dopo	parola	apro	spesso	psicologia

Now repeat and compare the pronunciation of the following words.

/ p /	/ s /		/ p /	/ b /
pago	spago		pere	bere
pacco	spacco		pasta	basta
Pina	spina		alpino	albino

E. *The consonant* **q** *is always followed by the letter* **u**, *and is pronounced like* qu *in* quest. *Repeat after the speaker.*

qui	quando	quanto	Pasqua
quale	quaderno	quindici	quadro
qualche	questo	quello	quaranta
quartetto	quasi		

F. *The consonant* **l** *is similar to the* **l** *in English but is pronounced more forward in the mouth, with the tip of the tongue against the upper front teeth. Repeat the following words.*

la	lira	lei	libro	lingua	lavoro
albergo	molto	falso	svelto	volto	splendido
calmo					

G. *The consonant* **r** *is formed by the vibrations of the tip of the tongue against the gum of the upper front teeth. To pronounce this sound, breathe deeply and then exhale, allowing the force of respiration to vibrate the tip of the tongue, while your jaws and lips are slightly open. Remember that when* **r** *is doubled, it is rolled considerably more. Repeat the following words after the speaker.*

radio	raro	Roma	parere	fare	sera
vero	madre	padre	treno	entrare	dietro
prego	strada	carta	parla	porta	verbo
arte	firma	verde	corro	terra	arrivederci
marrone	verrò	birra			

Repeat and compare these sounds.

/ l /	/ r /		/ r /	/ rr /
lana	rana		caro	carro
pelo	pero		vero	verrò
colto	corto		sera	serra
palma	Parma		Maria	m'arriva

H. *The letter* **s** *has the sound* / z / *as in* rose, *when it is between vowels or when it begins a word in combination with the voiced consonants* **b, d, g, l, m, n, r,** *and* **v.** *Repeat after the speaker.*

rosa	paese	Pisa	esame
così	cosa	francese	sbaglio
sdentato	sleale	smania	snello
sregolato	svedese		

In all other cases, **s** *is pronounced as in* sell. *Repeat the following words.*

sì	senza	sabato	suono
studio	testa	scorso	pensare
rosso	benissimo	dissi	vissi
felicissima			

I. *The letter* **z** *may be voiced or voiceless. The voiced* **z** *is pronounced like the* ds *in* beds. *Most Italians use this sound when pronouncing* **z** *in initial position. Repeat the following words.*

zaino	zero	zeta	zoo
zitto	zodiaco	zanzara	

The unvoiced **z** *sounds like the* ts *in* bets. *It is the sound most used when* **z** *is not initial. Repeat the following words.*

notizia	Venezia	grazie	colazione
traduzione	negozio	silenzio	abbastanza
Firenze	differenza	stanza	marzo
vacanza	ragazzo	piazza	pizza
prezzo	palazzo	ricchezza	

J. *The letters* **c** *and* **g** *have both a soft and a hard sound. They are soft when followed by the vowels* **i** *and* **e**. *Repeat the following words.*

/ č /

cinema	ciao	cinese	civile
bacio	vicino	Sicilia	cento
Cesare	cena	c'è	luce
cercare	Cecilia		

/ ğ /

giro	pagina	giorno	viaggio
Gino	Gigi	gelato	gentile
dipinge	generale	gesto	piangere

c *and* **g** *are hard in all other cases. Repeat the following words.*

/ k /

caro	caffè	banca	come	poco
cupola	chi	che	pochi	chiamare
classe	scrivere	amico	chimica	Cuba

/ g /

galleria	gatto	gonna	lungo	greco
laghi	righe	lunghe	grosso	
dogma	gusto	grazie	guardare	

Repeat and compare the following words.

/ k /	/ g /	/ č /	/ ğ /
cara	gara	Ciro	giro
bianco	piango	cucina	cugina
campa	gamba	mancia	mangia

K. *Some combinations of different consonants require special attention.*

1. **gli** / ʎ / *sounds approximately like* lli *in* million. *To produce this sound press the tongue blade against the ridge behind the upper teeth. Repeat the following words.*

gli	egli	agli	sugli
figli	begli	svegli	figlio
moglie	famiglia	tovaglia	foglio
meglio	voglio		

Repeat and compare the pronunciation of the following words.

/ l /	/ ʎ /
lì	gli
fili	figli
mole	moglie
volo	voglio
Giulio	luglio

2. **gn** / ɲ / *sounds approximately like* ni *in* onion. *Repeat after the speaker.*

signora	lavagna	cognome	compagni
ogni	insegnare	ingegnere	giugno
bagno	montagna	vigna	spagnolo

Repeat and note the closeness in articulation between the two sounds / ʎ / *and* / ɲ /.

gli	gnocchi
gli	gnomi

3. **sc** *before* **i** *or* **e** *has a soft sound* / š /, *as in* shell. *Repeat the following words.*

sciare	scientifico	sciopero	scelta
scena	pesce	ascensore	

Now repeat and compare the pronunciation of the following words.

/ s /	/ š /
sì	sci
pesi	pesci
casa	Cascia

4. **sch** *before* **i** *or* **e** *has a hard sound* / sk /, *as in* skill. *Repeat the following words.*

schiavo	schiena	dischi	tedeschi
maschile	schiaffo	pesche	scherzo
schema	scherma	tedesche	mosche

Now repeat and compare the pronunciation of the following words.

/ š /	/ sk /
scema	schema
pesce	pesche
sciocco	schiocco

L. *Double consonants are usually pronounced twice as long as a single consonant. Repeat the following words after the speaker, noting the clear distinction between single and double consonants.*

casa	cassa	bruto	brutto
rosa	rossa	eco	ecco
sera	serra	nono	nonno
sano	sanno	camino	cammino
fresco	affresco	sono	sonno

5. Sillabazione   (CD 1, TRACK 5)

The proper division of words into syllables is very important for correct pronunciation and spelling.

A. *A single consonant between two vowels belongs with the following vowel or diphthong. First repeat the complete word, then repeat it divided into syllables.*

| vocale | vo-ca-le | nome | no-me |
| lezione | le-zio-ne | italiano | i-ta-lia-no |

B. *Double consonants are always divided. First repeat the complete word, then repeat it divided into syllables.*

bello	bel-lo	mezzo	mez-zo
sillaba	sil-la-ba	ragazza	ra-gaz-za
rosso	ros-so	appetito	ap-pe-ti-to

C. *A combination of two different consonants belongs with the following vowel, unless the first consonant is* **l, m, n,** *or* **r.** *In this case, the two consonants are divided. First repeat the complete word, then repeat it divided into syllables.*

1.
presto	pre-sto	sopra	so-pra
signora	si-gno-ra	prima	pri-ma
libro	li-bro	padre	pa-dre

2.
| studente | stu-den-te | simpatico | sim-pa-ti-co |
| venti | ven-ti | giorno | gior-no |

D. *When three consonants are combined, the first goes with the preceding syllable, except* **s,** *which goes with the following syllable. Repeat after the speaker.*

1.
| altro | al-tro | sempre | sem-pre |
| entrare | en-tra-re | inglese | in-gle-se |

2.
| finestra | fi-ne-stra | espresso | e-spres-so |
| costruzione | co-stru-zio-ne | spremuta | spre-mu-ta |

E. *Unstressed* **i** *and* **u** *are not divided from the adjoining vowel with which they form a diphthong. Repeat after the speaker.*

uomo	uo-mo	buono	buo-no
grazie	gra-zie	cuore	cuo-re
piede	pie-de	paziente	pa-zien-te

6. Accento tonico   (CD 1, TRACK 6)

A. *The majority of Italian words are stressed on the next-to-the-last syllable. Repeat after the speaker.*

signora	bambino	ragazzo	cantare
venire	parola	occasione	leone
dicembre	economia	edificio	risparmiare

B. *Several words are stressed on the last syllable. Notice that they have a written accent on the last vowel. Repeat after the speaker.*

città	virtù	perché	lunedì
così	affinché	caffè	ciò
più	parlò	università	facoltà
felicità	papà		

C. *Several words have the stress on the third-from-the-last syllable, and a few verb forms are stressed on the fourth-from-the-last syllable. Repeat after the speaker.*

sabato	compito	tavola	difficile
benissimo	dimenticano	abitano	desiderano
telefonano	salutamelo		

D. *Occasionally the difference in stress may also imply a difference in meaning. Repeat after the speaker.*

meta	*(destination)*	metà	*(half)*
onesta	*(honest)*	onestà	*(honesty)*
papa	*(Pope)*	papà	*(daddy)*
perdono	*(they lose)*	perdono	*(forgiveness)*
unita	*(united)*	unità	*(unity)*

7. Intonazione (CD 1, TRACK 7)

Each syllable is important in determining the tempo of the Italian sentence. Try to maintain smooth, even timing when pronouncing the following sentences. Repeat after the speaker, dividing first into syllables and then without syllabication.

So-no Mar-cel-lo Scot-ti.	Sono Marcello Scotti.
Sia-mo stu-den-ti d'i-ta-lia-no.	Siamo studenti d'italiano.
È u-na pro-fes-so-res-sa d'in-gle-se.	È una professoressa d'inglese.
A-bi-to a Ve-ne-zia.	Abito a Venezia.

Note that in declarative sentences the voice follows a gently undulated movement, dropping toward the end. When asking a question, however, the voice rises on the last syllable. Repeat and compare the different intonations.

1. I signori Betti sono di Milano.

2. Sono di Milano i signori Betti?

3. In classe ci sono venti studenti.

4. Ci sono venti studenti in classe?

5. La signora è a casa.

6. È a casa la signora?

Nome_____ **Date**_____ **Classe**_____

Primo incontro

Punti di vista

 ## Ciao, come stai? (CD 1, TRACK 8)

Filippo incontra Marcello. Marcello è con Mary, una ragazza americana.

MARCELLO	Ciao Filippo, come va?
FILIPPO	Bene, grazie, e tu come stai?
MARCELLO	Non c'è male, grazie. Ti presento Mary, un'amica.
FILIPPO	Buongiorno.
MARY	Buongiorno.
FILIPPO	Mi chiamo Filippo Pini.
MARY	Molto piacere.
FILIPPO	Piacere mio. Di dove sei, Mary?
MARY	Sono di New York, e tu?
FILIPPO	Io sono di Pisa.
MARCELLO	Mary è studentessa qui a Milano.
FILIPPO	Anch'io sono studente a Milano.
MARCELLO	Scusa Filippo, dobbiamo andare. A domani.

 ## COMPRENSIONE (CD 1, TRACK 9)

Listen to each statement about the dialogue. Circle **È vero** *if it is true, and* **Non è vero** *if it is false.*

1. È vero.   Non è vero.   3. È vero.   Non è vero.

2. È vero.   Non è vero.   4. È vero.   Non è vero.

Persone e personalità

Punti di vista

Com'è il tuo compagno di stanza? (CD 2, TRACK 8)

Rita e Luciano sono compagni di classe. Oggi s'incontrano dopo le lezioni.

RITA	Ciao, Luciano. Come va?
LUCIANO	Non c'è male, e tu?
RITA	Abbastanza bene. Quanti compagni di stanza hai quest'anno?
LUCIANO	Ho solo un compagno di stanza. Si chiama Claudio. È romano.
RITA	Com'è? È un ragazzo simpatico?
LUCIANO	Sì, è un ragazzo molto simpatico. È anche un bel ragazzo, alto, biondo, con gli occhi verdi.
RITA	È un bravo studente?
LUCIANO	Sì, è molto studioso e parla quattro lingue.
RITA	Sono curiosa di conoscerlo.
LUCIANO	Bene. Domani sera c'è una festa a casa di Marco. Sei invitata.
RITA	Grazie. A domani sera.

COMPRENSIONE (CD 2, TRACK 9)

Listen to each statement about the dialogue. Circle **È vero** *if the statement is true, and* **Non è vero** *if it is false.*

1. È vero.   Non è vero.   3. È vero.   Non è vero.

2. È vero.   Non è vero.   4. È vero.   Non è vero.

Studio di parole   La descrizione

A. **Com'è?** *Using the adjectives below, describe the nouns.*

alto, americano, basso, bello, biondo, buono, divertente, giovane, grande, intelligente, nuovo, piccolo, vecchio, cattivo, simpatico, felice, italiano

1. il libro di italiano _____

2. la mamma _____

3. Roma _____

4. l'università _____

5. il professore (la professoressa) _____

6. un film di Jim Carey _____

7. la persona ideale _____

8. la Ferrari _____

9. il caffè _____

B. **Opposti.** *Answer the following questions using the opposite adjective.*

ESEMPIO   È grassa Miss America?   **No, è magra.**

1. È povero Bill Gates? _____

2. È noiosa la lezione di italiano? _____

3. È grande l'università? _____

4. È basso l'Empire State Building? _____

5. È giovane il Papa (*Pope*)? _____

6. È debole Popeye? _____

7. È basso Shaquille O'Neil? _____

8. È triste la professoressa? _____

9. È antipatico Jim Carey? _____

Punti grammaticali

2.1 L'aggettivo

PRATICA

A. *Rewrite each sentence using the subject in parentheses and changing the adjective accordingly.*

ESEMPIO   Il ragazzo è simpatico.   (la ragazza)
              La ragazza è simpatica.

1. Lo studente è bravo. (la studentessa)

   _____

2. Il bambino è intelligente. (la bambina)

   _____

3. La zia è ricca. (lo zio)

   _____

4. Il signore è francese. (la signora)

   _____

5. La professoressa è tedesca. (il professore)

   _____

B. *Complete each sentence with the correct form of the adjective in parentheses.*

ESEMPIO   (magro) **Luigi è magro.**

1. (alto) Teresa e Maria sono _____

   _____

2. (verde) La casa di Tonino è _____

   _____

3. (bravo) I dottori sono _____

   _____

4. (difficile) Le lezioni d'italiano sono _____

   _____

5. (intelligente) Gli studenti sono _____

_____

6. (nero) Gli occhi di Maria sono _____

_____

7. (lungo) I capelli di Tonino sono _____

_____

8. (simpatico) Le amiche di Gina sono _____

_____

9. (biondo) La mamma di Gino è _____

_____

C. *Change each sentence from the singular to the plural or vice versa, making the necessary changes.*
   ESEMPIO   Il giardino è piccolo.   (i giardini)   **I giardini sono piccoli.**

   1. Le lezioni sono facili.   (la lezione)

   _____

   2. I dottori sono bravi.   (il dottore)

   _____

   3. La fontana è bella.   (le fontane)

   _____

   4. Le piazze sono grandi.   (la piazza)

   _____

   5. La signorina è americana.   (le signorine)

   _____

   6. La ragazza è tedesca.   (le ragazze)

   _____

   7. I ragazzi sono biondi.   (il ragazzo)

   _____

8. La macchina è vecchia.   (le macchine)

_____

9. Gli amici di Pino sono inglesi.   (l'amico)

_____

10. La bicicletta è rossa.   (le biciclette)

_____

11. La rosa è rosa.   (le rose)

_____

12. La zia (*aunt*) di Pino è simpatica.   (le zie)

_____

D. *Form a sentence by placing the two adjectives in the proper place in relation to the noun and making the necessary agreement.*

ESEMPIO   (una casa / rossa / piccola)   **È una piccola casa rossa.**

1. (un cane / nero / grande)

_____

2. (due ragazze / bionde / belle)

_____

3. (una macchina / blu / bella)

_____

4. (due signore / americane / belle)

_____

5. (una bicicletta / inglese / vecchia)

_____

6. (due amici / italiani / cari)

_____

7. (tre alberi / verdi / grandi)

_____

E. *Answer each question by using* **molto** *before the adjective.*

   ESEMPIO   Roma è una grande città?   **Sì, Roma è una città molto grande.**

   1. Marisa è una bella ragazza?

   _____

   2. Gli zii di Pietro sono ricchi?

   _____

   3. Le donne (*women*) italiane sono eleganti?

   _____

   4. È una lezione interessante?

   _____

COMPRENSIONE (CD 2, TRACK 10)

A. *Listen to the model sentence. Then form a new sentence by substituting the noun given as a cue and making all necessary changes. Repeat the response after the speaker.*

   ESEMPIO   Gisella è italiana.   (Franco e Gino)
   Franco e Gino sono italiani.

   1. _____   2. _____   3. _____   4. _____   5. _____   6. _____

B. *Place the adjective before or after the noun and make the appropriate agreement. Then repeat the response after the speaker.*

   ESEMPI   (la signora / giovane)   **la giovane signora**
              (i fiori / rossi)   **i fiori rossi**

   1. _____   2. _____   3. _____   4. _____   5. _____   6. _____   7. _____   8. _____   9. _____

2.2 *Buono* e *bello*

PRATICA

A. *Answer each question substituting* **buono** *for* **cattivo**.

   ESEMPIO   È un cattivo caffè?   **No, è un buon caffè.**

   1. Pia e Lia sono due cattive ragazze?

   _____

   2. È un cattivo ristorante?

   _____

   3. Sono due cattivi amici?

   _____

4. È una cattiva idea?

_____

5. Il Prof. Rossi è un cattivo professore?

_____

B. *Using the adjective* **bello**, *make a comment about the following people or things.*

   ESEMPIO   (la macchina di Andrea)   **Che bella macchina!**

   1. il ragazzo di Gabriella

   _____

   2. gli occhi di Lucia

   _____

   3. i bambini di Renata

   _____

   4. un albergo (*hotel*) di Riccione

   _____

   5. lo zoo di San Diego

   _____

   6. la lingua italiana

   _____

COMPRENSIONE (CD 2, TRACK 11)

A. *Answer each question using the adjective* **buono**. *Then repeat the response after the speaker.*

   1. **ESEMPIO**   Com'è il vino?   **È un buon vino.**

   _____

   _____

   _____

   _____

   2. **ESEMPIO**   Come sono i vini?   **Sono buoni vini.**

   _____

   _____

   _____

B. *A friend is pointing out people and things to you in a photo. Respond by using* **Che** *plus the adjective* **bello**. *Then repeat the response after the speaker.*

   ESEMPIO   Ecco un giardino.   **Che bel giardino!**

   1. _____   2. _____   3. _____   4. _____   5. _____   6. _____

2.3 *Avere*

PRATICA

A. *Change the verb form according to each subject in parentheses.*

   Franco ha un buon amico.   (tu, anche loro, Luisa, io e Gino, io, voi)

   _____

   _____

   _____

   _____

   _____

   _____

B. *Complete each sentence with the correct form of* **avere**.

   1. Gli zii di Gino _____ un appartamento in città.

   2. Tu e Lisa _____ un buon professore?

   3. Io _____ i capelli biondi.

   4. Noi _____ uno zio ricco.

   5. _____ una bicicletta tu?

   6. Un dottore _____ una professione interessante.

C. *Answer each question in the negative.*

   1. Hai una FIAT tu? _____

   2. Avete dieci dollari? _____

   3. Lisa ha uno zio in America? _____

   4. Pio e Giulio hanno un amico tedesco? _____

   5. Noi abbiamo l'indirizzo (*address*) di Gina? _____

   6. Un professore ha una professione noiosa?_____

COMPRENSIONE (CD 2, TRACK 12)

A. *Listen to the model sentence. Then form a new sentence by substituting the nouns or pronouns given. Repeat each response after the speaker.*

ESEMPIO   Io ho un cane. (tu e Gina)   **Tu e Gina avete un cane.**

1. _____   2. _____   3. _____   4. _____   5. _____   6. _____

B. *Answer each question in the negative. Then repeat the response after the speaker.*

ESEMPIO   Avete una macchina voi?   **No, noi non abbiamo una macchina.**

1. _____   2. _____   3. _____   4. _____   5. _____

2.4 *Quanto?* e i numeri cardinali

PRATICA

A. *Ask the questions that would elicit the following answers.*

ESEMPIO   Abbiamo due gatti.   **Quanti gatti avete?**

1. I Rossi hanno tre bambine. _____

2. 7×7 fa 49. _____

3. Marco ha 250 dollari. _____

4. Ci sono 3 fontane in piazza. _____

5. Ci sono 28 giorni a febbraio. _____

6. Ho 22 anni. _____

B. *Write the following sentences in Italian, spelling out the numbers.*

1. There is one house.

_____

2. There are 26 boys.

_____

3. There are 358 pages.

_____

4. There are 60 million inhabitants.

_____

5. There are fourteen days.

_____

6. There are 4,450 dollars.

_____

7. There are 60 minutes.

_____

8. There are 100 years.

_____

C. _Write out the answers to the following arithmetic problems._

1. dodici + (più) ventiquattro = _____

2. settantadue − (meno) trentuno = _____

3. venti × (per) cinque = _____

4. duemila ÷ (diviso) quattro = _____

D. **Quanto costa?** _Mirella wants to buy a present for her boyfriend and is asking you how much each item costs._

ESEMPIO   Quanto costa una motocicletta? (500 dollari)   **Costa cinquecento dollari.**

1. una chitarra elettrica? (360 dollari) _____

2. una bicicletta? (255 dollari) _____

3. un orologio (_watch_) Gucci (150 dollari) _____

4. un viaggio (_trip_) in Italia (2,000 dollari) _____

E. _Write out the answers to the following questions._

1. Quanti giorni ci sono in un anno?

_____

2. Quanti anni ci sono in un secolo?

_____

3. Quante settimane ci sono in un anno?

_____

4. Quanti giorni ci sono nel mese di dicembre?

_____

5. Quanti anni hai?

_____

COMPRENSIONE (CD 2, TRACK 13)

A. *Count from zero to twenty in Italian, repeating each number after the speaker.*

_____   _____   _____   _____   _____   _____

_____   _____   _____   _____   _____   _____

_____   _____   _____   _____   _____

B. *Correct the following people, who aren't telling their exact age. They're actually two years older than what they say. Then repeat the response after the speaker.*

ESEMPIO   Ho ventisei anni.   **No, hai ventotto anni.**

1. _____   2. _____   3. _____   4. _____   5. _____

C. *Give the question that would elicit each of the following answers. Repeat each response after the speaker.*

ESEMPIO   Papà ha quarantanove anni.   **Quanti anni ha papà?**

1. _____   2. _____   3. _____   4. _____

Adesso scriviamo!

Chi è?

Write a brief paragraph describing a well-known person/character. First, organize your information by answering the following questions; then write your description based on your responses.

1. Di dov'è? _____

2. È bruno(a) o biondo(a)? _____

3. È alto(a) o basso(a)? _____

4. Ha gli occhi neri o azzurri? _____

5. È simpatico(a)? _____

6. È giovane? _____

7. È intelligente? _____

8. È divertente? _____

9. Ha un lavoro? _____

10. Ha un buono stipendio? _____

_____

_____

_____

_____

Share your description with a classmate. Can you guess each other's person / character?

All'università

Punti di vista

 Oggi studio per gli esami (CD 2, TRACK 14)

Gina e Pietro parlano davanti alla biblioteca.

GINA   Pietro, quante lezioni hai oggi?

PIETRO   Ho una lezione di biologia e un'altra di fisica. E tu?

GINA   Io ho un esame di chimica e ho bisogno di studiare perché gli esami del professor Riva sono sempre difficili.

PIETRO   Non hai gli appunti?

GINA   No, ma Franca, la mia compagna di classe, è una ragazza studiosa e ha molte pagine di appunti.

PIETRO   Gina, io ho fame, e tu?

GINA   Anch'io. C'è un piccolo caffè vicino alla biblioteca. Perché non mangiamo lì?

PIETRO   Sì, va bene, perché non ho molto tempo. Dopo le lezioni lavoro in biblioteca.

GINA   La vita dei poveri studenti non è facile!

 COMPRENSIONE (CD 2, TRACK 15)

Listen to each statement about the dialogue. Circle **È vero** *if the statement is true, and* **Non è vero** *if it is false.*

1. È vero.   Non è vero.   3. È vero.   Non è vero.

2. È vero.   Non è vero.   4. È vero.   Non è vero.

Studio di parole Il sistema italiano degli studi

A. **Che cosa studiano?** *The students listed below take the courses indicated. What subject does each one take?*

1. Marco: Napoleone, Garibaldi _____

2. Luisa: Michelangelo, Leonardo da Vinci _____

3. Filippo: computer, Internet _____

4. Elisabetta: russo, arabo _____

5. Enrico: animali, piante _____

6. Valeria: produzione, mercato _____

7. Alessio: Dante, Shakespeare _____

8. Marta: il comportamento (behavior) del bambino _____

9. Alberto: i mass media e la società _____

10. Anna: la politica, le elezioni _____

B. **Un piccolo cruciverba!** (*crossword puzzle*)

Orizzontali (*across*)

1. Gli studenti studiano in...
4. Se suono il piano studio la...
5. L'opposto di presente
8. Se prendo una «A», prendo un bel...
10. Se studio il comportamento dei bambini, studio la...
11. Se studio i programmi per computer, studio l'...

Verticali (*down*)

2. Sinonimo di professore
3. Se studio le formule, studio la ...
6. Se studio la rivoluzione francese, studio la...
7. Se studio la produzione e il mercato, studio l'...
9. L'opposto di attento

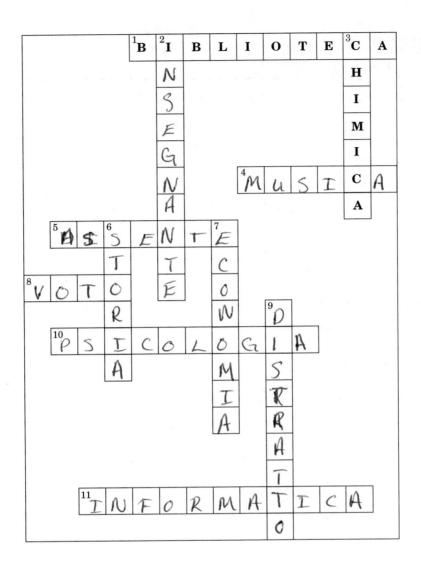

Punti grammaticali

3.1 Verbi regolari in -are: il presente

PRATICA

Change the verb form according to each subject in parentheses.

1. Liliana lavora in un ufficio.   (io, voi, tu e io)

   _____

   _____

   _____

2. Voi giocate a tennis.   (i ragazzi, noi, lui)

   _____

   _____

   _____

3. Antonio e Fido mangiano con appetito.   (tu, Lei, voi due, Luigi e io)

   _____

   _____

   _____

4. La signora Rovati non compra dolci perché è grassa.   (noi, io, anche tu)

   _____

   _____

   _____

5. Aspetto l'autobus.   (lui e lei, tu, anche Antonio)

_____

_____

_____

6. Il professor Bianchi spiega i verbi.   (noi, Lucia, tu, io e lei)

_____

_____

_____

_____

7. Oggi studiamo una lezione di storia.   (tu, voi, anch'io)

_____

_____

_____

8. Ascolti musica classica alla radio.   (voi, i ragazzi, io)

_____

_____

_____

COMPRENSIONE   (CD 2, TRACK 17)

A. _Listen to the model sentence. Then form a new sentence by substituting the subject given. Repeat each response after the speaker._

ESEMPIO   Pavarotti canta bene.   (io)   **Io canto bene.**

1. _____   2. _____   3. _____   4. _____   5. _____   6. _____

B. _Change each statement into a question. Then repeat the question after the speaker._

ESEMPIO   Pietro compra un regalo.   **Compra un regalo Pietro?**

1. _____   2. _____   3. _____   4. _____   5. _____

C. _Answer each question in the negative. Then repeat the response after the speaker._

ESEMPIO   Mangi spaghetti tu?   **No, io non mangio spaghetti.**

1. _____   2. _____   3. _____   4. _____   5. _____

3.2 Le preposizioni

PRATICA

A. *Indicate the owner of each of the following things according to the example.*

ESEMPIO (professore / penna) **È la penna del professore.**

1. (mamma / tavolo) _____

2. (papà / sedia) _____

3. (bambini / letti) _____

4. (zio / macchina) _____

5. (signori / casa) _____

6. (studenti / esame) _____

B. *Indicate where the following persons or things can be found, using the elements given.*

ESEMPIO (su / dizionario / tavolo) **Il dizionario è sul tavolo.**

1. (in / sedie / stanza) _____

2. (a / Pietro / conferenza) _____

3. (su / signori Bini / autobus) _____

4. (in / fogli / cartoleria) _____

5. (su / libri / scaffali) _____

6. (su / fotografie / pareti) _____

7. (in / stanza / edificio) _____

COMPRENSIONE (CD 2, TRACK 18)

A. *Paolo lives in a huge villa and is showing his friends the different rooms. Re-create Paolo's statements, using the cue and following the example. Then repeat the response after the speaker.*

ESEMPIO il papà **È la stanza del papà.**

1. _____ 2. _____ 3. _____ 4. _____ 5. _____ 6. _____

B. *Your roommate is looking for his history book. Tell him where it is, using the cue. Then repeat the response after the speaker.*

ESEMPIO il tavolo **Il libro è sul tavolo.**

1. _____ 2. _____ 3. _____ 4. _____ 5. _____

C. *Form a question, using the cue and following the example. Then repeat the response after the speaker.*

　　ESEMPIO　　il libro　　　　　　　　　　　**Ci sono fotografie nel libro?**

　　1. _____　　2. _____　　3. _____　　4. _____　　5. _____

3.3 Frasi idiomatiche con *avere*

PRATICA

A. *Ask a friend whether . . .* _____

　　1. He (she) is sleepy: _____

　　2. He (she) is hungry: _____

　　3. He (she) feels warm: _____

　　4. He (she) feels cold: _____

　　5. He (she) is thirsty: _____

　　6. He (she) needs money: _____

B. *Indicate whether, in your opinion, the person making the following statements is right or wrong by writing* **Ha ragione** *or* **Ha torto.**

　　1. La fisica è una scienza molto facile. _____

　　2. Un professore molto severo è un buon professore. _____

　　3. Ho paura della bomba atomica. _____

　　4. I clienti (*customers*) hanno sempre ragione. _____

　　5. Al Polo Nord fa (*it is*) molto freddo. _____

C. *Indicate whether or not you need the following people or things.*

　　ESEMPIO　　(libro)　　　　　　　　**Ho bisogno del libro.** *or* **Non ho bisogno del libro.**

　　1. (dizionario di tedesco)_____

　　2. (professore d'italiano)_____

　　3. (matita rossa)_____

　　4. (quaderno) _____

　　5. (amici) _____

　　6. (compagne di classe)_____

COMPRENSIONE (CD 2, TRACK 19)

A. *Listen to the model sentence. Then form a new sentence by substituting the cue. Repeat the response after the speaker.*

1. **ESEMPIO**   sete   **Non ha sete Lei?**

   1. _____   2. _____   3. _____   4. _____   5. _____

2. **ESEMPIO**   Luigi ha ragione. (anche tu)   **Anche tu hai ragione.**

   1. _____   2. _____   3. _____   4. _____

B. *It's the evening before an important test. Your roommate wants to help you and is asking if you need certain things. Answer her questions in the negative. Then repeat the response after the speaker.*

   ESEMPIO   Hai bisogno della penna?   **No, non ho bisogno della penna.**

   1. _____   2. _____   3. _____   4. _____   5. _____

3.4 *Quale?* e *che?* (*Which?* and *what?*)

PRATICA

A. *A friend is asking you where the following things are, but you want him to be more specific. Follow the example.*

   ESEMPIO   Dov'è il libro?   **Quale libro?**

   1. Dove sono le lettere?_____

   2. Dov'è il negozio?_____

   3. Dove sono i monumenti?_____

   4. Dov'è la banca? _____

   5. Dov'è l'autobus? _____

B. **Che...!** *React with an exclamation to the following statements, according to the example.*

   ESEMPIO   Marco è un ragazzo molto bello.   **Che bel ragazzo!**

   1. Gina è una studentessa molto brava.

   _____

   2. La stanza di Maria è molto disordinata.

   _____

   3. Il mio amico è un ragazzo molto simpatico.

   _____

   4. Lisa e Gina sono due ragazze molto carine.

   _____

   5. L'orologio di Luigi è molto bello.

   _____

COMPRENSIONE   (CD 2, TRACK 20)

A. *A friend is asking you where the following things are, but you want him or her to be more specific asking* **Quale...?** *Repeat the response after the speaker.*

ESEMPIO   Dov'è il parco?   **Quale parco?**

1. _____   2. _____   3. _____   4. _____   5. _____

B. *A friend is making a statement about the following things, but you want him (her) to be more specific by asking* **Che...?** *Repeat the response after the speaker.*

ESEMPIO   Oggi io ho una lezione.   **Che lezione?**

1. _____   2. _____   3. _____   4. _____

Adesso scriviamo!

Cerco un compagno (una compagna) di stanza.

You are looking for a roommate and you write a brief advertisement to post on the university bulletin boards.

A. *To organize your thoughts, answer the following questions:*

1. Dove abiti? _____

2. La stanza è grande? _____

3. C'è una finestra? _____

4. È ordinata? _____

5. Ci sono due scrivanie? _____

6. Ci sono poster? _____

7. Hai un computer? _____

8. Hai un cane o un gatto? _____

9. Studi la mattina o la sera? _____

10. Ascolti la musica? _____

B. *Next, organize your responses into a short paragraph.*

A tavola

Punti di vista

Al ristorante (CD 3, TRACK 1)

Linda e Gianni sono al ristorante.

LINDA   È un locale piccolo, ma carino, no? Io non ho molta fame, e tu?

GIANNI   Ho una fame da lupo. Ma che menù povero! Non ci sono né lasagne né scaloppine!

LINDA   Per piacere, Gianni! Non sei stanco di mangiare sempre le stesse cose? Sst! Ecco il cameriere!

CAMERIERE   Desiderano un antipasto? Abbiamo del prosciutto squisito.

GIANNI   Non per me, grazie. Non mi piace il prosciutto. Io vorrei degli spaghetti al pomodoro. Anche tu, Linda?

LINDA   Scherzi? Ho bisogno di vitamine, io, non di calorie. Per me, una zuppa di verdure.

CAMERIERE   E come secondo, che cosa ordinano? Oggi abbiamo arrosto di vitello, molto buono, con piselli.

GIANNI   D'accordo.

CAMERIERE   E Lei, signorina?

LINDA   Io vorrei una bistecca con insalata verde.

CAMERIERE   Vino bianco o vino rosso?

GIANNI   Vino rosso, per favore. Mezzo litro.

LINDA   Per me acqua minerale, per favore.

COMPRENSIONE (CD 3, TRACK 2)

Listen to each statement about the dialogue. Circle **È vero** *if the statement is true, and* **Non è vero** *if it is false.*

1. È vero.   Non è vero.   3. È vero.   Non è vero.

2. È vero.   Non è vero.   4. È vero.   Non è vero.

Studio di parole Pasti e piatti

A. **Il menù.** *Give the appropriate title to each group of dishes. Choose from the following list*: dolci, antipasti, pesce, secondi di carne, frutta, contorni, primi piatti

1. _____: patate fritte, insalata verde, insalata mista

2. _____: risotto alla pescatora, spaghetti alle vongole, tortellini alla panna

3. _____: prosciutto e melone, salmone affumicato, caldi misti mare

4. _____: bistecca alla griglia, scaloppine al marsala, pollo alla diavola

5. _____: zuppa inglese, torta della nonna, gelato in coppa

6. _____: sogliola alla mugnaia, trota al burro, fritto misto

7. _____: macedonia, frutta di stagione, frutta secca

B. **Abitudini alimentari.** *Complete the following statements with your preferences.*

1. **A casa:**

a. A colazione prendo _____

b. A pranzo mangio _____

c. A cena bevo _____

2. **Al ristorante**:

a. Come antipasto prendo _____

b. Come primo piatto prendo _____

c. Come secondo piatto prendo _____

d. Come contorno prendo _____

e. Bevo _____

3. **Al bar:**

   a. A colazione prendo _____

   b. A pranzo prendo_____

   c. Bevo _____

   d. Nel pomeriggio prendo _____

_____

Punti grammaticali

4.1 Verbi regolari in -*ere* e -*ire*: il presente

PRATICA

A. *The following are activities that take place in a restaurant. Complete each sentence with the appropriate form of the verb in parentheses.*

   1. (servire)   I camerieri _____ il pranzo.

   2. (prendere)   Alcune signore _____ un gelato.

   3. (rispondere) La mamma _____ al telefono.

   4. (aprire)   Una signorina _____ il regalo.

   5. (offrire)   Un cameriere _____ dell'acqua a dei bambini.

   6. (leggere)   Molte persone _____ il giornale.

B. *The following sentences are fragments of conversations that one might hear at a café frequented by students. Answer each question that follows with a logical sentence, as if you were in that café.*

   ESEMPIO   Io leggo il libro d'italiano. E voi?   **Noi leggiamo il libro di storia.**

   1. Stasera io vedo un film di Bertolucci. E voi?

   _____

   2. Lui segue tre corsi. E tu?

   _____

3. Lo zio di Pietro vive a Nuova York. E gli zii di Carlo?

_____

4. Noi dormiamo otto ore. E lui?

_____

5. Noi riceviamo brutti voti. E loro?

_____

6. Lui scrive una lettera a un amico. E tu?

_____

7. Io chiedo soldi a papà. E voi?

_____

8. Il padre di Marcello parte in aereo. E voi?

_____

9. Noi prendiamo un caffè. E tu?

_____

COMPRENSIONE (CD 3, TRACK 3)

A. _Listen to the model sentence. Then form a new sentence by substituting the subject given. Repeat the response after the speaker._

ESEMPIO   Io leggo molti libri. (tu)   **Tu leggi molti libri.**

1. _____   2. _____   3. _____   4. _____

B. _Listen to the model sentence. Then form a new sentence by substituting the noun or pronoun given and making all necessary changes. Repeat the response after the speaker._

ESEMPIO   Quante ore dormi tu? (Luisa) **Quante ore dorme Luisa?**

1. _____   2. _____   3. _____   4. _____   5. _____

C. _Marisa is asking Gianna about things she and her friends are doing. Use the cue and follow the example to answer each of Marisa's questions. Then repeat the response after the speaker._

ESEMPIO   Leggi il giornale adesso? (no) **No, non leggo il giornale adesso.**

1. _____   2. _____   3. _____   4. _____   5. _____   6. _____

4.2 Il partitivo *alcuni, qualche, un po' di* (*some, any*)

PRATICA

A. *Complete the following with* **di** + *the correct form of the article.*

ESEMPIO **della** birra

Oggi io preparo il pranzo e ho bisogno _____ pasta, _____ carne, _____ vino, _____ spaghetti, _____ pane, _____ pomodori, _____ caffè, _____ spinaci, _____ zucchero, _____ spumante.

B. *Answer each question, replacing the article with the partitive and making the necessary changes.*

ESEMPIO Hai un libro d'italiano? **Sì, ho dei libri d'italiano.**

1. Hai un'amica simpatica? _____

2. C'è un albero in piazza? _____

3. C'è una foto alla parete? _____

4. Avete una fotografia di Anna? _____

5. Ascoltate un disco? _____

6. Invitate un ragazzo alla festa? _____

7. Cantate una canzone italiana? _____

C. *Answer each question in the affirmative or the negative and replace the article with the partitive when necessary.*

ESEMPIO Hai degli amici? (sì / no) **Sì, ho degli amici.**
No, non ho amici.

1. Offri del gelato? (sì) _____

2. Servite dei dolci? (no) _____

3. Scrivete delle lettere? (no) _____

4. Porti delle lasagne? (sì) _____

5. Prendi dello zucchero? (no) _____

6. Avete degli esami oggi? (no) _____

7. Leggete dei giornali? (sì) _____

D. *Answer each question in the affirmative and replace the partitive with* **alcuni** *or* **alcune**.

    ESEMPIO   Arrivano degli amici alla festa?   **Sì, arrivano alcuni amici.**

    1. Ci sono delle sedie nella stanza?

    _____

    2. Ci sono dei ristoranti in città?

    _____

    3. Vedi degli studenti oggi?

    _____

    4. Hai delle bottiglie di acqua minerale?

    _____

E. *Answer each question in the affirmative, replacing the partitive with* **qualche** *and making the necessary changes.*

    ESEMPIO   Ci sono dei regali?   **Sì, c'è qualche regalo.**

    1. Scrivete degli inviti?

    _____

    2. Avete delle opinioni?

    _____

    3. Ci sono delle macchine nella strada?

    _____

    4. Ricevi dei regali per il tuo compleanno?

    _____

F. *Answer each question in the affirmative and replace the partitive with* **un po' di**.

    ESEMPIO   C'è del pane?   **Sì, c'è un po' di pane.**

    1. Servite del formaggio?

    _____

    2. Compri del prosciutto?

    _____

    3. Prendi del pane?

    _____

    4. C'è del pollo nel frigo?

    _____

COMPRENSIONE (CD 3, TRACK 4)

A. *Complete the model sentence by using the cue and the appropriate partitive. Repeat each response after the speaker.*

   ESEMPIO   Noi ordiniamo... (vino)   **Noi ordiniamo del vino.**

   1. _____   2. _____   3. _____   4. _____   5. _____   6. _____

B. *Complete the model sentence by using the cue given and the appropriate partitive. Repeat each response after the speaker.*

   ESEMPIO   In una città ci sono...monumenti.
   In una città ci sono dei monumenti.

   1. _____   2. _____   3. _____   4. _____   5. _____   6. _____

C. *Answer each question affirmatively, replacing the article with the appropriate partitive. Repeat each response after the speaker.*

   ESEMPIO   Servi la carne?   **Sì, servo della carne.**

   1. _____   2. _____   3. _____   4. _____   5. _____

4.3 *Molto, tanto, troppo, poco, tutto, ogni*

PRATICA

A. *Modify each sentence by replacing the partitive with the correct form of* **molto**.

   ESEMPIO   Voi comprate della pasta?   **Noi compriamo molta pasta.**

   1. Avete dei compiti per domani?

   _____

   2. C'è della Coca-Cola nel frigo?

   _____

   3. Ricevete degli inviti?

   _____

   4. Hai del tempo libero (*free*)?

   _____

B. *Answer in the negative using the correct form of* **poco**.

   ESEMPIO   Hai tanti amici?   **No, ho pochi amici.**

   1. Avete tanta fame? _____

   2. Studi molte ore? _____

   3. Hai molto tempo? _____

   4. Ascoltate molti dischi di musica classica? _____

C. *Respond to each statement by using* **troppo**. *Follow the example.*

ESEMPIO   Io mangio degli spaghetti.   **Io mangio troppi spaghetti.**

1. Voi vedete dei film.

_____

2. Franca cucina della pasta.

_____

3. Gli studenti hanno delle lezioni per domani.

_____

4. Tu servi dei dolci per il pranzo.

_____

D. *Answer each question using the correct form of* **tutto**.

ESEMPIO   Arrivano gli invitati?   **Sì, arrivano tutti gli invitati.**

1. Marco mangia la torta?

_____

2. Il professore spiega le lezioni?

_____

3. Paghi i conti?

_____

4. Scrivete agli invitati?

_____

E. *Rewrite each sentence, replacing* **tutti / tutte** *with* **ogni**.

ESEMPIO   Arrivate a scuola tutti i giorni?   **Sì, arriviamo a scuola ogni giorno.**

1. La professoressa ripete tutte le spiegazioni?

_____

2. Ascolti tutti i dischi di Michael Jackson?

_____

3. Avete bisogno di tutti gli amici?

_____

4. Lavori tutti i giorni?

_____

COMPRENSIONE (CD 3, TRACK 5)

A. *Complete the model sentence with the correct form of* **molto** *and the noun given. Repeat each response after the speaker.*

    ESEMPIO   Noi compriamo...(pasta)   **Noi compriamo molta pasta.**

    1. _____   2. _____   3. _____   4. _____   5. _____

B. *Modify each sentence by replacing the definite article with the correct form of* **troppo.** *Repeat each response after the speaker.*

    ESEMPIO   Noi abbiamo i compiti.   **Noi abbiamo troppi compiti.**

    1. _____   2. _____   3. _____   4. _____

C. *Answer each question in the negative, replacing the adjective* **molto** *with the correct form of the adjective* **poco.** *Then repeat the response after the speaker.*

    ESEMPIO   Hai molta fame?   **No, ho poca fame.**

    1. _____   2. _____   3. _____   4. _____

4.4 Le preposizioni avverbiali

PRATICA

Indicate the spatial relationship between Maria's hotel and each of the following places.

    ESEMPIO   (davanti / museo)   **L'albergo di Maria è davanti al museo.**

  1. (vicino / stazione)_____

  2. (lontano / centro) _____

  3. (dietro / chiesa)_____

  4. (lontano / giardini)_____

  5. (davanti / posta) _____

  6. (fuori / città) _____

COMPRENSIONE (CD 3, TRACK 6)

A. *Pierino is a child who likes to play in his garage and never keeps still. Retrace his movements, using the cue. Then repeat the response after the speaker.*

ESEMPIO dentro **Pierino è dentro la macchina.**

1. _____ 2. _____ 3. _____ 4. _____ 5. _____

B. *Lucia is visiting a new city and is asking about different places. Using the cues, answer each of her questions. Then repeat the response after the speaker.*

ESEMPIO Il museo è vicino all'università? (no / lontano)
No, è lontano dall'università.

1. _____ 2. _____ 3. _____ 4. _____

Adesso scriviamo!

Una festa

You have decided to organize a pot-luck dinner to celebrate the beginning of the semester and get to know your new classmates. Write a memo specifiyng what each of your classmates is bringing to the party.

A. *First, complete the following chart.*

Primi piatti:

Laura _____

Matteo _____

Ornella_____

Secondi piatti:

Maria _____

Dario _____

Teresa _____

Contorni:

Giovanna _____

Alessandro _____

Valeria _____

Dolci:

Lorenzo _____

Elisabetta_____

Bevande:

Antonella _____

Sergio _____

Gianni _____

B. *Next, write your memo, using the information from your chart. You can start like this:*

Stasera invito la classe di italiano a una festa. Come primi piatti, Laura porta gli spaghetti al pomodoro, Matteo...

_____

_____

_____

_____

_____

_____

Attività e passatempi

Punti di vista

Pronto? Chi parla? (CD 3, TRACK 7)

Gianna telefona all'amica Marisa. La mamma di Marisa, la signora Pini, risponde al telefono.

SIGNORA PINI Pronto?

GIANNA Buon giorno, signora. Sono Gianna. C'è Marisa, per favore?

SIGNORA PINI Sì, un momento, è qui.

MARISA Pronto? Ciao Gianna!

GIANNA Finalmente! Il tuo telefono è sempre occupato!

MARISA Da dove telefoni?

GIANNA Sono a un telefono pubblico, vicino alla farmacia, e faccio una telefonata breve perché la mia carta telefonica sta per finire.

MARISA Allora, andiamo al cinema oggi pomeriggio?

GIANNA Veramente io preferisco giocare a tennis.

MARISA Va bene. Perché non andiamo in bicicletta al campo da tennis? E quando ritorniamo andiamo a prendere un gelato.

GIANNA Perfetto. Sono a casa tua per le due.

COMPRENSIONE (CD 3, TRACK 8)

Listen to each statement about the dialogue. Circle **È vero** *if the statement is true, and* **Non è vero** *if it is false.*

1. È vero.   Non è vero.   3. È vero.   Non è vero.

2. È vero.   Non è vero.   4. È vero.   Non è vero.

Studio di parole Il telefono

A. **Gioco di abbinamento** (*matching game*). *Match the list of words and expressions in column A with their correct definition. Select your responses from column B.*

A

1. _____ prefisso

2. _____ occupato

3. _____ l'elenco telefonico

4. _____ il (la) centralinista

5. _____ il telefono pubblico

6. _____ pronto

B

a. Il libro con i numeri di telefono.

b. Abbiamo bisogno di questo numero per fare una telefonata interurbana.

c. Parliamo con questa (*this*) persona quando abbiamo bisogno di aiuto (*help*).

d. Usiamo questo telefono quando non siamo a casa.

e. Rispondiamo al telefono con la parola ...

f. Quando la persona che noi chiamiamo è al telefono, il suo telefono è...

B. **Una telefonata.** *Carlo calls Filippo to make plans for the evening. Order their telephone conversation.*

_____ —Oh, ciao Carlo?

____1____ —Pronto?

_____ —D'accordo. A stasera.

_____ —Pronto! Sono Carlo.

_____ —Ciao.

_____ —Cosa facciamo stasera?

_____ —Perché non andiamo al cinema?

Punti grammaticali

5.1 Verbi in -*ire* con il suffisso -*isc*-

PRATICA

A. *Complete each sentence with the appropriate form of the verb.*

ESEMPIO　Tu finisci presto.　　Anche lui **finisce** presto.

1. Io restituisco i libri. Anche loro _____.

2. Voi non capite bene. Anch'io non _____.

3. Tu costruisci una casa. Anche noi _____.

4. Noi finiamo il lavoro. Anche voi _____.

5. Maria pulisce la stanza. Anche loro _____.

6. I bambini ubbidiscono al padre. Anche tu _____.

B. *Show that there is disagreement between the people below by completing each sentence with the appropriate form of the verb.*

ESEMPIO　Io dormo bene mentre (*while*) lui **dorme** male.

1. Lui serve vino rosso, mentre voi _____ vino bianco.

2. Io preferisco il golf, mentre lei _____ il tennis.

3. Loro prendono un caffè, mentre tu _____ un aperitivo.

4. Tu leggi *Newsweek*, mentre loro _____ il *Wall Street Journal*.

5. Noi finiamo oggi, mentre lui _____ domani.

6. Loro credono a tutto, mentre lui non _____ a niente (*nothing*).

COMPRENSIONE　(CD 3, TRACK 9)

A. *Listen to the model sentence. Form a new sentence by substituting the subject given. Then repeat the response after the speaker.*

ESEMPIO　Io non capisco la domanda. (tu)
　　　　　　Tu non capisci la domanda.

1. _____　2. _____　3. _____　4. _____

B. *Using the cues, state how the following people prefer to spend their time. Then repeat the response after the speaker.*

ESEMPIO Tu preferisci viaggiare. (Piero / leggere)
Piero preferisce leggere.

1. _____ 2. _____ 3. _____ 4. _____ 5. _____

5.2 I giorni della settimana

PRATICA

Complete each sentence by indicating the days of the week associated with the following activities or holidays. Use the appropriate form of the definite article when necessary.

1. Gli studenti americani non vanno a scuola_____ e

_____.

2. Il giorno di Thanksgiving è sempre l'ultimo (*last*) _____ di

novembre.

3. Quest'anno il giorno di Natale (*Christmas*) arriva di (*on*) _____.

4. La settimana di uno studente incomincia _____ e finisce

_____.

5. Molti Italiani vanno in chiesa _____.

COMPRENSIONE (CD 3, TRACK 10)

Linda is a very methodical person and has a specific activity for each day of the week. Use the cue to amplify each sentence. Then repeat the response after the speaker.

ESEMPIO Va in biblioteca. (lunedì)   **Il lunedì va in biblioteca.**

1. _____ 2. _____ 3. _____ 4. _____ 5. _____ 6. _____

5.3 Verbi irregolari in -*are*

PRATICA

A. *Complete each sentence using the appropriate form of* **andare, dare, stare,** *or* **fare.**

1. Noi _____ al mercato (*market*) in bicicletta.

2. Tutte le mattine i ragazzi _____ la doccia.

3. Quando ha tempo lei _____ a teatro.

4. _____ colazione la mattina, tu?

5. Loro _____ a teatro una volta alla settimana.

6. Bambini, perché non _____ zitti (*quiet*)?

7. Mamma, dove _____ a fare la spesa?

8. Io _____ per chiamare la centralinista.

9. Francesco _____ un libro a Gina.

B. *Complete the following paragraph with the appropriate form of the verbs in parentheses.*

Oggi è sabato. Io (fare) _____ la spesa, e poi i bambini e io (fare) _____ una

passeggiata a piedi in città. Dino invece (stare) _____ a casa perché non (stare)

_____ molto bene. Questa sera Dino ed io (andare) _____ da alcuni amici che

(*who*) (dare) _____ una festa. Questi amici (stare) _____ in via Garibaldi, non

molto lontano. Noi (fare) _____ la doccia e dopo cena (dare) _____ un bacio (*kiss*)

ai bambini e, finalmente, (andare) _____ dagli amici.

C. *Answer the following questions by choosing one of the options provided. Begin each answer with the verb.*

ESEMPIO   Fa o non fa colazione la mattina?   **Faccio colazione.**

1. Fa molte o poche passeggiate Lei?

   _____

2. Dà o non dà del tu quando Lei parla agli amici?

   _____

3. Fa o non fa domande Lei in classe?

   _____

4. Dove va a mangiare Lei a mezzogiorno?

   _____

5. Fa molte o poche fotografie Lei?

   _____

6. Fa o non fa un viaggio presto (*soon*)?

   _____

COMPRENSIONE (CD 3, TRACK 11)

A. *Listen to the model sentence. Then form a new sentence by substituting the subject given. Repeat the response after the speaker.*

ESEMPIO Io faccio una telefonata. (tu)   **Tu fai una telefonata.**

1. _____   2. _____   3. _____   4. _____

B. *Form a new sentence by substituting the subject given as a cue and making all necessary changes. Repeat each response after the speaker.*

ESEMPIO Sto bene e do una festa. (la signora)
La signora sta bene e dà una festa.

1. _____   2. _____   3. _____   4. _____

C. *Tonight the following people are going to the movies. Say who is going by using the cue and following the example. Then repeat the response after the speaker.*

ESEMPIO La professoressa Rovati va al cinema. (anch'io)
Anch'io vado al cinema.

1. _____   2. _____   3. _____   4. _____   5. _____

D. *The following people buy groceries on different days of the week. State on which day they buy them, using the cues. Repeat each response after the speaker.*

ESEMPIO (il signor Rossi / il venerdì)   **Il signor Rossi fa la spesa il venerdì.**

1. _____   2. _____   3. _____   4. _____   5. _____

5.4 I pronomi diretti *lo, la, li, le*

PRATICA

Answer the questions replacing the nouns with the pronouns.

ESEMPIO Fai il bagno?   **Sì, lo faccio.**

1. Scrivi la lettera?

_____

2. Pulisci le stanze?

_____

3. Restituisci i libri oggi?

_____

4. Fate la doccia la mattina o la sera?

_____

5. Mandate gli auguri (*wishes*) per il compleanno degli amici?

_____

6. Dai gli esami quest'anno?

_____

COMPRENSIONE   (CD 3, TRACK 12)

A. *Your friend is asking you a few questions. You answer using the correct pronoun. Then repeat the response after the speaker.*

ESEMPIO   Fai la spesa?   **Sì, la faccio.**

1. _____   2. _____   3. _____   4. _____

B. *Your roommate wants to know if you're doing the following things today. You answer negatively, using the correct pronoun. Then repeat the response after the speaker.*

ESEMPIO   Compri il giornale oggi?   **No, non lo compro oggi.**

1. _____   2. _____   3. _____   4. _____

Adesso scriviamo!

Un(a) compagno(a) di stanza

You are looking for a roommate. One of your classmates is interested and writes you an e-mail asking you what are your usual activities during the weekend.

A. *Answer the following questions to organize your thoughts.*

1. Dove fai colazione? _____

2. Cosa prendi per colazione? _____

3. Dove vai la mattina? _____

4. Come vai? _____

5. Con chi? _____

6. Dove pranzi? _____

7. Che cosa fai nel pomeriggio? _____

8. Pulisci la casa? _____

9. Finisci i compiti? _____

10. Cosa fai la sera?_____

11. Dove vai? _____

12. Con chi? _____

B. *Next, organize your answers in three paragraphs*: **1. La mattina; 2. Il pomeriggio; 3. La sera**.

_____

_____

_____

_____

La famiglia

Punti di vista

 Una famiglia numerosa (CD 3, TRACK 13)

È sabato, e Ornella va a trovare gli zii che abitano in campagna. Va in macchina, e la sua amica Bianca va con lei.

BIANCA	Quante persone ci sono nella tua famiglia, Ornella?
ORNELLA	Mio padre, mia madre, mio fratello, le mie due sorelle e io.
BIANCA	Hai una famiglia numerosa.
ORNELLA	Abbastanza.
BIANCA	Come si chiama tuo fratello e quanti anni ha?
ORNELLA	Marco ha venticinque anni, e fa l'ultimo anno di medicina all'università di Bologna. È un bel ragazzo, intelligente. I suoi professori hanno un'opinione eccellente di lui. Vuoi conoscerlo?
BIANCA	Sì, volentieri! Quando?
ORNELLA	Domani sera. Possiamo uscire insieme; tu con mio fratello e io con il mio ragazzo.
BIANCA	Splendido!

 COMPRENSIONE (CD 3, TRACK 14)

Listen to each statement about the dialogue. Circle **È vero** *if the statement is true, and* **Non è vero** *if it is false.*

1. È vero.   Non è vero.   3. È vero.   Non è vero.

2. È vero.   Non è vero.   4. È vero.   Non è vero.

Studio di parole Albero genealogico

A. **Chi è?** *Completate le seguenti frasi con l'espressione appropriata.*

1. Il padre di mia madre è mio _____.

2. La sorella di mia madre è mia _____.

3. Il figlio di mia madre è mio _____.

4. Il fratello di mio padre è mio _____.

5. I figli di mia zia sono i miei _____.

6. Le figlie di mia sorella sono le mie _____.

7. Il marito di mia sorella è mio _____.

8. La moglie di mio figlio è mia _____.

9. I genitori di mio marito sono i miei _____.

10. I figli dei miei figli sono i miei _____.

B. **L'albero genealogico.** *Studiate l'albero genealogico della famiglia di Franco a pagina 129 del libro e rispondete alle domande.*

ESEMPIO   Chi è suo padre?
              Suo padre è Luigi.

1. Chi è sua madre?_____

2. Chi sono i suoi figli? _____

3. Chi è sua moglie? _____

4. Chi è sua sorella? _____

5. Chi è suo cognato?_____

6. Chi sono i suoi genitori?_____

7. Chi sono i suoi figli? _____

8. Chi sono i suoi nipoti? _____

Punti grammaticali

6.1 Aggettivi e pronomi possessivi

PRATICA

A. *Your roommate has cleaned your room. Ask him or her where your things are, using the appropriate form of the possessive adjective* **il mio**.

ESEMPIO Dov'è **il mio** libro?

1. Dov'è _____ penna?

2. Dove sono _____ appunti?

3. Dov'è _____ quaderno d'italiano?

4. Dove sono _____ lettere?

B. *You're giving a party and are telling a friend what the following people are bringing. Use a form of the possessive adjective* **il suo**.

ESEMPIO Maria porta **la sua** amica.

1. Franco porta _____ amici.

2. Gina porta _____ compagna di stanza.

3. Leo porta _____ compagno di studi.

4. Teresa porta _____ sorelle.

C. *The following people are engaged in different activities. State what they're doing by completing each sentence with the correct form of the possessive adjective.*

ESEMPIO Io vendo (*my*) **la mia** macchina.

1. Noi facciamo (*our*) _____ compiti.

2. Luisa legge (*her*) _____ lettere.

3. Tu ripeti (*your*) _____ domanda.

4. Loro ascoltano (*their*) _____ dischi.

5. Franco studia (*his*) _____ lezioni.

6. Tu e Maria finite (*your*) _____ compiti.

7. Io vedo (*my*) _____ compagni di classe.

8. Noi puliamo (*our*) _____ stanza.

D. *Complete each sentence with the correct form of the possessive adjective, using the article when necessary.*

ESEMPIO Noi vediamo (*our*) **nostra** madre.

1. Io pulisco (*my*) _____ macchina.

2. Tu vedi (*your*) _____ fratello.

3. Gino invita (*his*) _____ sorelle.

4. Vedi spesso (*your*) _____ zio?

5. Dove abitano (*his*) _____ fratelli?

6. Io porto al parco (*my*) _____ sorellina.

7. Io do (*my*) _____ esami domani.

8. Loro offrono (*their*) _____ casa agli amici.

9. Io vedo (*my*) _____ cugina sabato.

E. *Complete each sentence with the appropriate form of the preposition + possessive adjective.*

ESEMPIO Io scrivo sempre (*to my*) **ai miei** amici.

1. Rispondi (*to your*) _____ genitori tu?

2. Loro scrivono (*to their*) _____ professoressa.

3. Noi telefoniamo (*to our*) _____ amici.

4. Voi date un regalo (*to your*) _____ nonni.

5. Io chiedo un favore (*to my*) _____ amico.

F. **A chi scrivono?** *Form a sentence stating to whom the following people are writing.*

ESEMPIO Paolo (amico) **Paolo scrive al suo amico.**

1. Pinuccia (zia) _____

2. il bambino (nonni) _____

3. il signor Bettini (moglie) _____

4. voi (professoressa) _____

5. io (parenti) _____

6. i nonni (tutti i nipoti) _____

G. *Answer each question using the appropriate possessive pronoun and substituting the word in parentheses. Follow the example.*

ESEMPIO Mio padre lavora in una banca, e il tuo? (ufficio)
Il mio lavora in un ufficio.

1. Mio fratello va all'università, e il tuo? (liceo)

_____

2. La mia macchina è vecchia, e la tua? (nuova)

_____

3. I miei professori sono simpatici, e i tuoi? (anche)

_____

4. Mia madre è casalinga, e la tua? (impiegata)

_____

5. Mio zio lavora in un ospedale, e il tuo? (scuola)

_____

COMPRENSIONE (CD 3, TRACK 15)

A. *Listen to the model sentence. Then form a new sentence by substituting the cue. Repeat each response after the speaker.*

ESEMPIO Dov'è il mio libro? (tuo) **Dov'è il tuo libro?**

1. _____ 2. _____ 3. _____ 4. _____ 5. _____

B. *Restate each sentence using the verb* **essere** *and the appropriate possessive adjective. Then repeat the response after the speaker.*

ESEMPIO Io ho un'amica simpatica. **La mia amica è simpatica.**

1. _____ 2. _____ 3. _____ 4. _____ 5. _____

C. *Change each sentence to the plural. Then repeat after the speaker.*

ESEMPIO Ecco il mio professore. **Ecco i miei professori.**

1. _____ 2. _____ 3. _____ 4. _____ 5. _____

6.2 Verbi irregolari in -ere: il presente

PRATICA

A. *Complete each sentence with the correct form of the verb in parentheses.*

ESEMPIO (bere) Noi **beviamo** alla tua salute.

1. (volere) Dove _____ andare voi sabato sera?

2. (bere) Che cosa _____ tu quando hai sete?

3. (dovere) Io _____ scrivere una lettera a mia madre.

4. (potere) Domani noi _____ fare una passeggiata.

5. (potere) Io non _____ venire alla tua festa.

6. (bere) Voi _____ troppo vino.

7. (dovere) Che cosa _____ fare voi per domani?

8. (volere) Tu _____ uscire con me sabato sera?

9. (potere) Loro non _____ studiare oggi.

10. (dovere) Noi_____ fare un viaggio in Italia.

B. *Rewrite each sentence using the verbs in parentheses. Follow the example.*

ESEMPIO (dovere) Esco con Carlo stasera.
Devo uscire con Carlo stasera.

1. (volere) Mio padre conosce il mio amico.

_____

2. (potere) I miei suoceri non vengono alla festa.

_____

3. (dovere) Lucia va in biblioteca.

_____

4. (volere) Signora, beve tè o caffè?

_____

5. (potere) Voi non capite.

_____

6. (dovere) Che cosa fate stasera?

_____

C. *Answer each question using the appropriate form of* **dovere** *plus the words in parentheses.*

 ESEMPIO   Perché Gino non può partire? (dare un esame)
 Perché deve dare un esame.

1. Perché tu non puoi fare un viaggio? (comprare una casa)

   _____

2. Perché voi non potete studiare il tedesco? (studiare l'italiano)

   _____

3. Perché non possiamo andare in Italia? (finire gli studi)

   _____

4. Perché non posso dormire tutto il giorno? (lavorare in casa)

   _____

5. Perché tuo zio non può venire? (vedere il dottore)

   _____

COMPRENSIONE   (CD 3, TRACK 16)

Listen to the model sentence. Then form a new sentence by substituting the subject given. Repeat each response after the speaker.

1.

 ESEMPIO   Io devo finire il lavoro. (tu)
 Tu devi finire il lavoro.

1. _____   2. _____   3. _____   4. _____

2.

 ESEMPIO   Io non posso partire. (tu)
 Tu non puoi partire.

1. _____   2. _____   3. _____   4. _____   5. _____

3.

 ESEMPIO   Voglio sentire un concerto. (tu)
 Tu vuoi sentire un concerto.

1. _____   2. _____   3. _____   4. _____   5. _____

6.3 Verbi irregolari in -*ire*: il presente

PRATICA

A. *Complete each sentence with the correct form of the verb in parentheses.*

ESEMPIO　　(dire) Franco **dice** a Maria di partire.

1. (venire)　　Questa sera alcuni miei parenti _____ alla festa.

2. (uscire)　　Marta _____ a fare la spesa.

3. (dire)　　Che cosa _____ noi quando incontriamo un amico?

4. (venire)　　Mio padre _____ da Palermo.

5. (uscire)　　Tutte le domeniche noi _____ per andare al ristorante.

6. (venire)　　Noi _____ all'università in macchina.

7. (dire)　　Che cosa _____ voi quando un amico parte?

8. (uscire)　　Oggi io non _____ perchè fa freddo.

9. (riuscire)　　Se gli studenti studiano, _____ nei loro studi.

B. **Da dove vengono?** *Complete each sentence with* **dire** *and* **venire**, *as in the example.*

ESEMPIO　　Pino **dice** che Marta **viene** da Palermo.

1. Mio padre _____ che i suoi genitori

_____ da Roma.

2. I miei cugini _____ che il loro padre

_____ da Pisa.

3. Tu _____ che i nostri nonni _____
dalla campagna?

4. Voi _____ che io _____ dalla luna
(*moon*)?

COMPRENSIONE　(CD 3, TRACK 17)

Listen to the model sentence. Then form a new sentence by substituting the subject given. Repeat each response after the speaker.

1. ESEMPIO　　Io dico delle cose interessanti. (tu)
　　　　　　　　Tu dici delle cose interessanti.

1. _____　　2. _____　　3. _____　　4. _____

2. **ESEMPIO**   Io esco tutte le sere. (tu)
                 Tu esci tutte le sere.

1. _____   2. _____   3. _____   4. _____   5. _____

3. **ESEMPIO**   Io vengo a vedere la casa. (tu)
                 Tu vieni a vedere la casa.

1. _____   2. _____   3. _____   4. _____   5. _____

6.4   *Sapere* e *conoscere*

PRATICA

Complete each sentence with the correct form of **sapere** *or* **conoscere**.

1. Tu _____ Marcello Scotti?

2. Noi _____ Roma molto bene.

3. Lo zio Baldo _____ raccontare storie divertenti.

4. Signora Lisi, Lei _____ mia madre?

5. Voi _____ bene che io sono stanco.

6. I miei genitori non _____ ascoltare i miei problemi.

7. Noi non _____ quando ritorna nostro padre.

8. Carlo _____ la *Divina Commedia*.

9. John non _____ parlare italiano.

COMPRENSIONE   (CD 3, TRACK 18)

A. *Listen to the model sentence. Then form a new sentence by substituting the subject given as a cue. Repeat each response after the speaker.*

    ESEMPIO   Io non so nuotare. (tu)
                    Tu non sai nuotare.

    1. _____   2. _____   3. _____   4. _____

B. *Listen to the model sentence. Then form a new sentence by substituting the subject given as a cue. Repeat each response after the speaker.*

    ESEMPIO   Io conosco i parenti di Anna. (tu)
                    Tu conosci i parenti di Anna.

    1. _____   2. _____   3. _____   4. _____

Adesso scriviamo!

La descrizione di un parente (*relative*).

Segui un corso di sociologia all'università. Uno dei compiti che devi completare include la descrizione di un parente. Scrivi una breve descrizione di uno dei tuoi parenti.

A. *Rispondi alle domande per organizzare la tua descrizione.*

1. Chi è?
2. Come si chiama?
3. Dove abita?
4. Quanti anni ha?
5. Com'è?
6. È sposato(a)?
7. Dove lavora/studia?
8. Che cosa fate insieme?

B. *Ora organizza le tue risposte in tre paragrafi.*

_____

_____

_____

_____

_____

_____

_____

Nome_____ Date_____ Classe_____

Buon viaggio

Punti di vista

Alla stazione   (CD 4, TRACK 1)

La famiglia Betti, padre, madre e un ragazzo, sono alla stazione centrale di Milano. I Betti vanno a Rapallo per il weekend. La stazione è affollata.

SIG.RA. BETTI	Rodolfo, hai i biglietti, vero?
SIG. BETTI	Sì, ho i biglietti, ma non ho fatto le prenotazioni.
SIG.RA. BETTI	Oggi è venerdì. Ci sono molti viaggiatori. Perché non hai comprato i biglietti di prima classe?
SIG. BETTI	Perché c'è una bella differenza di prezzo tra la prima e la seconda classe. E poi, non è un viaggio lungo.
SIG.RA. BETTI	Ma l'impiegato dell'agenzia di viaggi ha detto che il venerdì i treni sono molto affollati.
SIG. BETTI	Sì, è vero, ma uno o due posti ci sono sempre.
SIG.RA. BETTI	Sì, ma io non voglio viaggiare in uno scompartimento per fumatori ...
PIPPO	Mamma, hai messo la mia racchetta da tennis nella valigia?
SIG.RA. BETTI	Sì, e anche il tuo libro di storia.
PIPPO	Papà, il treno per Rapallo è arrivato sul binario 6.
SIG. BETTI	Presto, andiamo!

COMPRENSIONE   (CD 4, TRACK 2)

*Listen to each statement about the dialogue. Circle **È vero** if the statement is true, and **Non è vero** if it is false.*

1. È vero.   Non è vero.
2. È vero.   Non è vero.
3. È vero.   Non è vero.
4. È vero.   Non è vero.

Studio di parole   Arrivi e partenze

A. **Gioco di abbinamento**. *Collega le parole ed espressioni della lista A con la giusta definizione della lista B.*

A

1. fare il biglietto
2. annullare
3. la gita
4. all'estero
5. perdere il treno
6. la dogana
7. il pullman
8. il pilota
9. decollare

B

a. _____ un viaggio breve

b. _____ cancellare

c. _____ un autobus per turisti

d. _____ la persona che pilota l'aereo

e. _____ non prendere il treno

f. _____ dove c'è il controllo del passaporto

g. _____ fuori dal proprio (*own*) paese

h. _____ l'opposto di atterrare

i. _____ comprare un biglietto

B. **In viaggio.** *Completa le seguenti frasi con la parola o l'espressione appropriata.*

1. Quando salgo in aereo allaccio la _____.

2. Quando un posto non è occupato è _____.

3. Se faccio una crociera viaggio in _____.

4. L'Alitalia è una _____.

5. Per essere sicuro(a) di trovare un posto faccio la _____.

6. Se vado all'estero ho bisogno del _____.

7. Se voglio andare e tornare faccio un biglietto di _____.

8. Se ho bisogno di qualcosa (*something*) in aereo chiamo l' _____.

Punti grammaticali

7.1 Il passato prossimo con *avere*

PRATICA

A. *Some students are talking about what happened or what they did today. Complete each sentence with the appropriate form of the* **passato prossimo** *of the verb in parentheses.*

1. (ricevere)   Io _____ un bel voto in italiano.

2. (finire)   Paolo, _____ di studiare psicologia?

3. (dare)   E voi, _____ l'esame di matematica?

4. (capire)   Loro non _____ bene la spiegazione del professore.

5. (rispondere)   Io non _____ a tutte le domande.

6. (dire)   Che cosa _____ la professoressa?

7. (fare)   _____ colazione tu, stamattina?

8. (studiare)   Noi _____ cento pagine di storia.

9. (scrivere)   Quante pagine _____ tu?

B. *The Bettis are on their way to Rapallo, and Mrs. Betti is worried about many things. Express this in questions using the* **passato prossimo**, *as in the example.*

ESEMPIO   (chiudere/porta)   **Hai chiuso la porta?**

1. (perdere/scontrino/bagagli)

   _____

2. (dove/mettere/valigia)

   _____

3. (comprare/biglietto/andata e ritorno)

   _____

4. (mostrare/biglietti/controllore)

   _____

COMPRENSIONE (CD 4, TRACK 3)

A. *Listen to the model sentence. Then form a new sentence by substituting the subject given. Repeat each response after the speaker.*

ESEMPIO   Ho visitato molte città (tu)   **Tu hai visitato molte città.**

1. _____   2. _____   3. _____   4. _____

B. *Listen to the model sentence. Then form a new sentence by substituting the subject given and making all necessary changes. Repeat the response after the speaker.*

1. **ESEMPIO**   Jane ha visto il Colosseo. (tu)
Tu hai visto il Colosseo.

1. _____   2. _____   3. _____   4. _____   5. _____

2. **ESEMPIO**   Noi non abbiamo dormito bene. (tu)
Tu non hai dormito bene.

1. _____   2. _____   3. _____   4. _____

7.2 Il passato prossimo con *essere*

PRATICA

A. *Ask questions based on the following statements. The underlined words are the answers to the questions.*

ESEMPIO   Il treno è partito <u>dal binario 2</u>.   **Da quale binario è partito il treno?**

1. I miei nonni sono nati <u>a Siena</u>.

_____

2. La ragazza è diventata <u>alta</u>.

_____

3. L'aereo è partito da <u>Chicago</u>.

_____

4. La signorina è salita sull'<u>aereo</u>.

_____

5. Sua moglie è morta <u>l'anno scorso</u>.

_____

6. Sono ritornati per vedere <u>il loro padre</u>.

_____

7. Il bambino è sceso <u>immediatamente</u>.

_____

B. *Complete each sentence with the* **passato prossimo**.

1. Mina va sempre a scuola in macchina, ma ieri _____ in autobus.

2. Lucia, sei sempre molto gentile, ma ieri non _____ gentile con i tuoi amici.

3. Di solito non usciamo la sera, ma ieri sera _____ .

4. Gli zii vengono tutte le domeniche a casa nostra, ma domenica scorsa non _____ .

5. Suo marito ritorna a casa presto, ma venerdì sera _____ tardi.

C. *Complete the paragraph in the* **passato prossimo**.

Jane (comprare) _____ un biglietto dell'Alitalia e (partire) _____ da Nuova York, piena d'entusiasmo. In aereo (leggere) _____ alcune riviste (*magazines*), (vedere) _____ un vecchio film, (mangiare) _____ delle lasagne, (bere) _____ dello spumante Asti. (Fare) _____ anche conversazione in italiano con dei passeggeri di Roma e (imparare) _____ molte cose. Poi (cercare) _____ di dormire, ma non (potere) _____ .

Il viaggio (essere) _____ lungo e Jane (arrivare) _____ all'aeroporto Leonardo da Vinci stanca, ma felice. Quando (scendere) _____ dall'aereo, (prendere) _____ la sua valigia, (chiamare) _____ un tassì e (andare) _____ all'albergo in Via Veneto.

COMPRENSIONE (CD 4, TRACK 4)

A. *Listen to the model sentence. Then form a new sentence by substituting the subject given. Repeat the response after the speaker.*

   ESEMPIO   Io sono andato a Roma. (tu)   **Tu sei andato a Roma.**

   1. _____   2. _____   3. _____   4. _____

B. *Listen to the model sentence. Then form a new sentence by substituting the subject given and making any necessary changes. Repeat each response after the speaker.*

   ESEMPIO   Quando è partita Lisa? (Marco)
   Quando è partito Marco?

   1. _____   2. _____   3. _____   4. _____   5. _____   6. _____

7.3 L'ora (*Time*)

PRATICA

A. **Che ore sono?** *Write out the following times.*

ESEMPIO   (6:20)   **Sono le sei e venti.**

1. (4:15)   _____

2. (1:00)   _____

3. (12:00 P.M.) _____

4. (2:30 P.M.)   _____

5. (7:55 P.M.)   _____

B. **A che ora?** *Your parents are asking questions about a friend who's coming to visit for a few days.*

ESEMPIO   A che ora si sveglia Giuseppe? (7:00)
           Si sveglia alle sette.

1. A che ora fa colazione? (8:45)

   _____

2. A che ora esce? (9:15)

   _____

3. A che ora ritorna per il pranzo? (12:30)

   _____

4. A che ora si addormenta la sera? (11:00)

   _____

COMPRENSIONE   (CD 4, TRACK 5)

A. *Carlo's watch is an hour slow. Tell him the correct time following the example. Then repeat the response after the speaker.*

ESEMPIO   Sono le due.   **No, sono le tre.**

1. _____   2. _____   3. _____   4. _____   5. _____

B. *Read each of the following times, then repeat after the speaker.*

ESEMPIO   6:15   **Sono le sei e un quarto.**

4:20   2:30   12:00 A.M.   3:15   10:45

7.4 Usi di *a, in, da,* e *per*

PRATICA

A. *Complete the following paragraphs with the prepositions* **a**, **in**, *and* **da**, *and the definite article when necessary.*

1. Lisa Carter studia _____ Italia e vive _____

   Bologna, con gli zii italiani. Tutte le mattine la zia di Lisa va _____

   mercato fare la spesa; va sempre _____ piedi, ma ritorna spesso

   _____ autobus.

2. Il signor Verdi lavora ogni giorno _____ ufficio. Quando ritorna

   _____ casa, lavora per un'ora _____ giardino

   prima di cenare. Il sabato sera lui e la signora Verdi vanno _____

   teatro o _____ cinema. La domenica, invece, vanno spesso

   _____ amici Storti, che (*who*) abitano _____

   campagna. Nel mese di agosto vanno sempre _____ crociera.

B. *Write why the people below are doing certain things by using* **per** *+ infinitive.*

   ESEMPIO   Studio perché desidero imparare.
   Studio per imparare.

1. Lui sta attento perché desidera capire tutto.

   _____

2. Vendo la FIAT perché desidero comprare una Ferrari.

   _____

3. Vado all'università perché desidero prendere una laurea in lingue.

   _____

4. Ritorniamo a casa perché desideriamo mangiare.

   _____

C. *Answer the following questions by choosing one of the options provided. Begin each answer with* **Preferisco ...**

Preferisci ...

1. vivere in città o in montagna?

_____

2. andare a scuola in macchina o in autobus?

_____

3. abitare in Florida o in California?

_____

4. andare al parco in bicicletta o a piedi?

_____

5. nuotare in piscina o al mare (*sea*)?

_____

6. fare un viaggio a Roma o a Madrid?

_____

7. viaggiare in pullman o in treno?

_____

COMPRENSIONE (CD 4, TRACK 6)

A. *Luisa is asking Mariella about her activities. Re-create Mariella's answers, using the cue and following the example. Then repeat the response after the speaker.*

ESEMPIO   Dove sei stata stamattina? (scuola)
Sono stata a scuola.

1. _____   2. _____   3. _____   4. _____

B. *Bianca is asking her classmates about their preferences. Use the cue to re-create each answer. Then repeat after the speaker.*

ESEMPIO   Preferisci vivere in Italia o in Francia? (Italia)
Preferisco vivere in Italia.

1. _____   2. _____   3. _____   4. _____

Adesso scriviamo!

Dialogo alla stazione ferroviaria.

Completa il seguente dialogo tra un viaggiatore e un bigliettaio.

VIAGGIATORE   Vorrei un biglietto di andata e _____ per Milano.

BIGLIETTAIO   Preferisce viaggiare in _____ o

_____ classe?

VIAGGIATORE   In _____ classe. Quanto costa il

_____?

BIGLIETTAIO   Costa _____ euro.

VIAGGIATORE   A che ora _____ e a che ora

_____ il treno?

BIGLIETTAIO   Parte alle _____ e arriva a

_____ alle _____.

VIAGGIATORE   Da che _____ parte il treno?

BIGLIETTAIO   Parte dal _____ nove.

VIAGGIATORE   Grazie e arrivederci.

BIGLIETTAIO   Prego e buon _____!

Soldi e tempo

Punti di vista

 Un viaggio d'affari (CD 4, TRACK 7)

John White è un uomo d'affari americano. È arrivato a Roma e soggiorna all'albergo «Excelsior», in via Veneto, dove ha prenotato una camera singola con doccia. Dall'albergo telefona a Davide, un collega che lavora alla filiale di Roma.

JOHN   Pronto, Davide? Sono John White. Come stai?

DAVIDE   Salve, John! Come va? Hai fatto un buon viaggio?

JOHN   Sì, abbastanza, però è stato un viaggio lungo e mi sono annoiato parecchio.

DAVIDE   In che albergo stai? Hai una macchina?

JOHN   Sono all'«Excelsior». No, non ho noleggiato la macchina. A Roma preferisco prendere il tassì.

DAVIDE   Allora, ci vediamo per il pranzo? Al «Gladiatore»?

JOHN   Sì, certo, però prima devo lavarmi, vestirmi e andare in banca per cambiare dei dollari.

DAVIDE   Allora ci incontriamo al ristorante all'una. Va bene?

JOHN   D'accordo. A presto.

COMPRENSIONE (CD 4, TRACK 8)

Listen to each statement about the dialogue. Circle **È vero** *if the statement is true, and* **Non è vero** *if it is false.*

1. È vero.   Non è vero.   3.   È vero.   Non è vero.

2. È vero.   Non è vero.   4.   È vero.   Non è vero.

Studio di parole   Albergo e banca

A. **Il gioco degli anagrammi.** *Cambiate la posizione delle lettere per scoprire le parole.*

   ESEMPIO   LLSOETO   **OSTELLO**

   1. RBELAGO   _____

   2. NESONEPI   _____

   3. REMAAC   _____

   4. TERONAREP   _____

   5. RIGGALOELA   _____

   6. VERALREEP   _____

   7. RAMIREF   _____

B. **Andiamo in vacanza.** *Completate le seguenti frasi con le parole della lista.*

   Camera singola, camera doppia, noleggiare una macchina, un ostello della gioventù, una pensione, con aria condizionata, un ufficio cambio, mostrare una carta d'identità

   1. Quando vado in vacanza da solo(a) prenoto una _____.

   2. Se voglio guidare (*to drive*) devo _____.

   3. Uno studente giovane prenota una camera in _____.

   4. Quando vado in vacanza con mia moglie (mio marito) prenoto _____.

   5. Se sono in Italia e voglio comprare degli euro vado in _____.

   6. In agosto prenoto una camera _____.

   7. Se non voglio spendere molti soldi prenoto una camera in _____.

   8. Per cambiare i soldi in banca devo _____.

Punti grammaticali

8.1 I verbi riflessivi e reciproci

PRATICA

A. *Give the present tense of the reflexive verb according to each subject in parentheses.*

Io mi diverto al cinema.   (tu, Gina, noi, tu e Luigi, loro)

_____

_____

_____

_____

_____

B. *Your brother is moving into an apartment with your friend, who is asking questions about his habits. Answer each question according to the example.*

ESEMPIO   Io mi alzo presto, e lui?   **Anche lui si alza presto.**

1. Io mi diverto la sera, e lui?

_____

2. Io mi preparo la colazione, e lui?

_____

3. Io mi lavo in venti minuti, e lui?

_____

4. Io mi addormento tardi, e lui?

_____

C. *Answer each question as in the example.*

ESEMPIO   Vi svegliate presto?   **Sì, ci svegliamo presto.**

1. Vi lavate rapidamente?

_____

2. Vi arrabbiate raramente?

_____

3. Vi divertite al cinema?

_____

4. Vi addormentate presto?

_____

D. *Complete each sentence with the correct form of the reflexive verb in parentheses.*

ESEMPIO (divertirsi) Noi **ci divertiamo** tutte le sere.

1. (alzarsi) I miei genitori _____ tardi.

2. (addormentarsi) _____ presto, tu?

3. (innamorarsi) Io _____ in primavera.

4. (riposarsi) Renzo e Lucia _____ la domenica.

5. (fermarsi) Perché non _____, tu?

6. (arrabbiarsi) Il professore _____ non mai.

7. (svegliarsi) Mia madre _____ tardi.

8. (vestirsi) _____ rapidamente, tu?

E. *A friend is asking you about some people you both know. Begin each answer with* **Sperano di ...**

ESEMPIO Si divertono i tuoi amici? **Sperano di divertirsi.**

1. Si sposano i tuoi cugini?

_____

2. Si fermano a Roma i tuoi zii?

_____

3. Si preparano per la partenza i tuoi amici?

_____

4. Si fidanzano Pino e Lia?

_____

F. *Answer each question in the affirmative, using the reciprocal construction.*

ESEMPIO Tu e Pietro vi vedete? **Sì, ci vediamo.**

1. Tu e i tuoi cugini vi scrivete? _____

2. Tu e il tuo avvocato vi telefonate?_____

3. Tu e i tuoi amici vi incontrate? _____

4. Tu e i tuoi nonni vi parlate? _____

G. *Form a sentence using the elements given.*

    ESEMPIO   (Carlo e Anna/amarsi)   **Carlo e Anna si amano.**

    1. (le due amiche/salutarsi)

    _____

    2. (i due fidanzati/baciarsi)

    _____

    3. (io e il mio professore/scriversi)

    _____

    4. (tu e tua madre/telefonarsi)

    _____

    5. (io e i miei amici/parlarsi)

    _____

COMPRENSIONE (CD 4, TRACK 9)

A. *Listen to the model sentence. Then form a new sentence by substituting the subject given. Repeat each response after the speaker.*

    ESEMPIO   Io mi alzo presto. (tu)   **Tu ti alzi presto.**

    1. _____   2. _____   3. _____   4. _____   5. _____

B. *Someone is asking if you and your friend do the following things. Answer in the affirmative. Then repeat the response after the speaker.*

    ESEMPIO   Vi divertite alle feste?   **Sì, ci divertiamo alle feste.**

    1. _____   2. _____   3. _____   4. _____   5. _____

C. *Ask the question that would elicit each of the following answers. Then repeat after the speaker.*

    ESEMPIO   Io non mi diverto al cinema.   **Ti diverti al cinema tu?**

    1. _____   2. _____   3. _____   4. _____

8.2 Il passato prossimo con i verbi riflessivi e reciproci

PRATICA

A. *Change each sentence to the* **passato prossimo.**

ESEMPIO Gina si alza presto. **Gina si è alzata presto.**

1. Giovanna si diverte al cinema.

   _____

2. Noi ci svegliamo presto.

   _____

3. Teresa e Lucia si annoiano.

   _____

4. Tu ti arrabbi.

   _____

5. Io mi riposo.

   _____

6. Tu e il tuo amico vi vestite bene.

   _____

B. *A friend calls and asks if you did the following things. Answer using the reciprocal construction in the* **passato prossimo.**

ESEMPIO Hai telefonato a tuo padre? **Sì, ci siamo telefonati.**

1. Hai visto la tua ragazza?

   _____

2. Hai incontrato il professore?

   _____

3. Hai scritto a tuo cugino?

   _____

4. Hai parlato a tua madre?

   _____

COMPRENSIONE (CD 4, TRACK 10)

A. *Listen to the model sentence. Then form a new sentence by substituting the subject given. Repeat each response after the speaker.*

> **ESEMPIO** Io mi sono divertito ieri sera. (Franca)
> **Franca si è divertita ieri sera.**

1. _____ 2. _____ 3. _____ 4. _____ 5. _____ 6. _____

B. *Gina is asking if you and Pietro did the following things. Answer in the negative. Then repeat each response after the speaker.*

> **ESEMPIO** Vi siete riposati ieri? **No, non ci siamo riposati.**

1. _____ 2. _____ 3. _____ 4. _____

C. *Form a complete sentence using the cues and the reciprocal construction in the past tense. Then repeat each response after the speaker.*

> **ESEMPIO** (Carlo e Teresa / scriversi) **Carlo e Teresa si sono scritti.**

1. _____ 2. _____ 3. _____ 4. _____ 5. _____

8.3 Espressioni di tempo nel passato

PRATICA

Answer each question using the expression of time in parentheses.

> **ESEMPIO** Quando hai visitato Capri? (*last year*)
> **Ho visitato Capri l'anno scorso.**

1. Quando sei uscito(a)? (*last night*)

_____

2. Quando hai visto i tuoi parenti? (*last week*)

_____

3. Quando hai letto la *Divina Commedia*? (*three years ago*)

_____

4. Quando sei andato(a) all'opera? (*last Friday*)

_____

5. Quando hai comprato la macchina? (*two weeks ago*)

_____

6. Quando hai conosciuto mia sorella? (*yesterday*)

_____

COMPRESIONE (CD 4, TRACK 11)

You're asking your friends what they might want to do. They say they have already done these things and tell you when. Use the cue to re-create each of their answers. Then repeat the response after the speaker.

ESEMPIO   Volete andare al cinema? (no / ieri sera)
No, siamo andati al cinema ieri sera.

1. _____   2. _____   3. _____   4. _____   5. _____

8.4 Avverbi

PRATICA

A. *Answer each question, substituting the appropriate adverb for the adjective in parentheses.*

ESEMPIO   Come cammina il turista? (rapido)
Cammina rapidamente.

1. Come canta Pavarotti? (meraviglioso) _____

2. Come spiega il professore? (paziente)_____

3. Come dormono i bambini? (tranquillo)_____

4. Come giocano i ragazzi? (libero) _____

5. Come ascoltano gli studenti? (svogliato [*unwilling*]) _____

6. Come risponde la signorina? (gentile) _____

7. Come funziona il motore? (regolare)_____

B. *Complete each sentence with the appropriate form of the adjective or its corresponding adverb.*

ESEMPIO   Lui parla **seriamente**. (serio)
La situazione è **seria**. (serio)

1. La conferenza è stata _____. (interessante)

2. Ho capito _____. (perfetto)

3. La nostra partenza è molto _____. (probabile)

4. È stato un viaggio _____. (speciale)

5. Abbiamo visitato _____ le colline toscane. (speciale)

6. Viviamo una vita _____. (semplice)

7. Da anni viviamo _____. (semplice)

8. La Maserati è una macchina _____. (veloce)

9. La macchina corre _____. (veloce)

C. *Answer each question, choosing one of the adverbs in parentheses.*

ESEMPIO   Ha visitato Bologna? (mai, qualche volta)
Non ho mai visitato Bologna.

1. Quando è uscito(a) di casa stamattina? (presto, tardi)

_____

2. Quando parte da Milano? (adesso, dopo)

_____

3. Quante volte ha fatto lunghi viaggi? (spesso, raramente)

_____

4. Ha viaggiato in treno? (mai, qualche volta)

_____

5. Va a scuola in macchina? (sempre, mai, alcune volte)

_____

6. È andato(a) all'estero? (spesso, una volta, mai)

_____

7. È stato(a) in Italia? (già, non ancora)

_____

COMPRENSIONE   (CD 4, TRACK 12)

A. *Give the adverb corresponding to each of the following adjectives. Then repeat the response after the speaker.*

ESEMPIO   fortunato   **fortunatamente**

1. _____   2. _____   3. _____   4. _____   5. _____

6. _____   7. _____   8. _____   9. _____   10._____

B. *Patrizia is talking about herself to some friends. Use the adverb to complete each statement. Be sure to use the adverb in the right place. Then repeat the response.*

ESEMPIO   Ho pensato a un viaggio in aereo. (sempre)
Ho sempre pensato a un viaggio in aereo.

1. _____   2. _____   3. _____   4. _____   5. _____

Adesso scriviamo!

La mia giornata

Il semestre è cominciato e ricevi un messaggio da un amico (un'amica). Lui (lei) vuole sapere cosa fai tu durante il giorno. Rispondi al suo messaggio con una descrizione della tua giornata.

A. *Rispondi alle seguenti domande per organizzare la tua descrizione.*

    1. A che ora ti alzi? _____

    2. Ti prepari la colazione? Cosa prendi? _____

    3. A che ora vai all'università / al lavoro? _____

    4. Come vai all'università / al lavoro? _____

    5. Chi incontri? _____

    6. Di che cosa parlate? _____

    7. A che ora ritorni a casa? _____

    8. Che cosa fai per divertirti la sera? _____

B. *Ora organizza le tue risposte in tre paragrafi.*

_____

_____

_____

_____

_____

_____

_____

_____

_____

_____

Mezzi di diffusione

Punti di vista

 Una serata alla TV (CD 4, TRACK 13)

Giovanni e Marina hanno finito di cenare e pensano di passare una serata tranquilla in casa. Giovanni accende la televisione.

GIOVANNI   Sono le 8.00, possiamo vedere il telegiornale.

MARINA   Veramente, abbiamo già letto le notizie di oggi sul giornale, quando eravamo in treno.

GIOVANNI   Allora, cambio canale e vediamo le notizie sportive.

MARINA   No, perché non mi va di sentire che pagano cifre astronomiche per i giocatori di calcio.

GIOVANNI   Allora, cosa vuoi vedere?

MARINA   Vediamo la guida della TV. T'interessa un documentario sulle foreste tropicali? È su Canale 5.

GIOVANNI   Per carità! In cinque minuti mi addormento. Non c'è per caso un bel film, un classico? Quando eravamo fidanzati, andavamo al cinema ogni domenica.

MARINA   Sì, infatti c'è un bel film: «La vita è bella!», con Roberto Benigni, su Rete 4. Ti va?

GIOVANNI   D'accordo. L'ho già visto, ma lo rivedo volentieri.

 COMPRENSIONE (CD 4, TRACK 14)

Listen to each statement about the dialogue. Circle **È vero** *if the statement is true, and* **Non è vero** *if it is false.*

1. È vero.   Non è vero.   3. È vero.   Non è vero.

2. È vero.   Non è vero.   4. È vero.   Non è vero.

Studio di parole   Stampa, televisione, cinema

A. **Gioco di abbinamento.**

Collega le parole della lista A con la corretta definizione della lista B.

A

1. _____ lo scrittore/la scrittrice.

2. _____ il giornalista.

3. _____ il telegiornale.

4. _____ il romanzo rosa.

5. _____ il romanzo giallo.

6. _____ la trama.

7. _____ il (la) regista.

8. _____ l'attore/l'attrice

9. _____ la favola.

B

a. Una persona che scrive articoli per un giornale o una rivista.

b. Un racconto lungo che tratta di una storia d'amore.

c. La storia di un racconto o di un film.

d. La persona che interpreta un personaggio in un film.

e. La persona che dirige un film.

f. Un racconto breve di solito con animali e una morale.

g. La persona che scrive racconti o romanzi.

h. Un racconto che tratta di un mistero.

i. Un programma televisivo con le notizie.

B. **Alla TV.** *Completa con l'espressione appropriata.*

1. Se voglio vedere una video cassetta ho bisogno del _____.

2. Un romanzo alla televisione si chiama _____.

3. Per cambiare canale uso il _____.

4. Se voglio ascoltare le notizie guardo il _____.

5. La persona che presenta le notizie si chiama l' _____.

6. Un programma per bambini è un _____.

7. Se non mi piace un programma cambio _____.

8. Quando ho finito di guardare devo spegnere il _____.

Punti grammaticali

9.1 L'imperfetto

PRATICA

A. *Answer the following questions, using each subject in parentheses and changing the verb form accordingly.*

1. Chi diceva bugie? (Pinocchio, i bambini, anche tu)

   _____

   _____

   _____

2. Chi faceva sempre viaggi? (tu, io, i due senatori, noi)

   _____

   _____

   _____

   _____

3. Chi era stanco di ascoltare? (la gente, noi, anche voi)

   _____

   _____

   _____

4. Chi non beveva vino? (tu, i miei nonni, anch'io)

   _____

   _____

   _____

B. *Contradict the following statements, beginning each sentence with* **Una volta** *and changing the verb to the* **imperfetto**.

   ESEMPIO   I treni arrivano in ritardo.   **Una volta i treni non arrivavano in ritardo.**

   1. I libri costano tanto.

   _____

   2. Ci sono molti canali alla TV.

   _____

   3. C'è un sacco di gruppi politici.

   _____

   4. I bambini sono maleducati (*rude*).

   _____

   5. I bambini guardano la TV per troppe ore.

   _____

   6. La gente ha paura di camminare per la strada.

   _____

C. *Lucio is describing to a friend how things were this morning when he went out. Change each sentence to the imperfect tense.*

   1. Sono le otto.

   _____

   2. È nuvoloso e fa freddo.

   _____

   3. La gente ha l'ombrello e cammina frettolosamente (*hurriedly*).

   _____

   4. Gli autobus sono affollati.

   _____

   5. I bambini vanno a scuola.

   _____

   6. Io e mio fratello siamo ancora addormentati.

   _____

COMPRENSIONE   (CD 4, TRACK 15)

A. *Listen to the model sentence. Then form a new sentence by substituting the noun or pronoun given and making all necessary changes. Repeat each response after the speaker.*

   1. **ESEMPIO**   Io parlavo di politica (lui)
                   Lui parlava di politica.

   1. _____   2. _____   3. _____   4. _____   5. _____

   2. **ESEMPIO**   Quando io avevo dieci anni, preferivo giocare. (tu)
                   Quando tu avevi dieci anni, preferivi giocare.

   1. _____   2. _____   3. _____   4. _____

B. *Antonio's father constantly reminds his children of how life was when he was young. Re-create his statements by changing the verb of each sentence to the imperfect tense. Then repeat the response after the speaker.*

   ESEMPIO   Mio padre ha sempre ragione.
               Mio padre aveva sempre ragione.

   1. _____   2. _____   3. _____   4. _____   5. _____   6. _____

9.2   Contrasto tra imperfetto e passato prossimo

PRATICA

A. *Change each sentence to the **imperfetto** or **passato prossimo** according to the expression in parentheses.*

   ESEMPIO   Piove. (tutti i giorni)   **Pioveva tutti i giorni.**

   1. Prendo l'autobus. (di solito)

   _____

   2. Il papà ci racconta una favola. (ogni sera)

   _____

   3. Prendiamo l'autobus. (sempre)

   _____

   4. Si arrabbia con noi. (stamattina)

   _____

   5. Ci vediamo. (il 23 aprile)

   _____

   6. Ritornano presto. (ogni giorno)

   _____

7. Ritornano tardi. (qualche volta)

_____

8. Andiamo al cinema. (il sabato)

_____

9. Andiamo a una riunione politica. (sabato scorso)

_____

10. Uscite. (ieri sera)

_____

B. _Complete each sentence in the_ **imperfetto** _or the_ **passato prossimo** _according to the meaning._

1. Ieri sera io (andare) _____ a teatro; (esserci)

_____ molta gente.

2. Quando Paolo (ritornare) _____ dagli Stati Uniti, i suoi genitori lo

(aspettare) _____ all'aeroporto.

3. Quando noi (arrivare) _____ dai Morandi, i bambini (giocare)

_____, mentre lui e lei (leggere)

_____ delle riviste.

4. Ieri sera noi (leggere) _____ dalle nove a mezzanotte; poi (andare)

_____ a letto.

5. Tutte le estati la famiglia (passare) _____ un mese di vacanza in
montagna.

6. Chi (governare) _____ la Germania durante il nazismo?

C. _Form complete sentences stating the reasons for the actions of the following people._

ESEMPIO   (Dino/vendere la macchina/avere bisogno di soldi)
  Dino ha venduto la macchina perché aveva bisogno di soldi.

1. (Maria/mettersi un golf/avere freddo)

_____

2. (io/restare a casa/non stare bene)

_____

3. (tu/vestirsi in fretta/essere tardi)

_____

4. (i signori Brunetto/cenare prima del solito/aspettare gli amici)

_____

5. (noi/fermarsi/esserci molta gente sul marciapiede)

_____

6. (Pietro/prendere l'impermeabile/nevicare)

_____

D. *Complete each answer according to the example.*

    ESEMPIO   Hai comprato la frutta?   **Volevo comprarla**, ma non era bella.

  1. Hai scritto il riassunto?

    _____, ma non stavo bene.

  2. Hai comprato i giornali?

    _____, ma l'edicola era chiusa.

  3. Hai lavato i piatti?

    _____, ma la lavastoviglie non funzionava.

  4. Hai telefonato a Mirella?

    _____, ma il telefono era sempre occupato.

  5. Hai parlato a tuo padre?

    _____, ma non era a casa.

  6. Hai spento la TV?

    _____, ma mi sono dimenticato.

E. *React to each sentence stating that you were supposed to do the same things but were unable to do so.*

    ESEMPIO   Lisa ha letto il libro.   **Anch'io dovevo leggerlo, ma non ho potuto.**

  1. Noi abbiamo ringraziato il professore.

_____

  2. Lui ha fatto colazione.

_____

  3. Le due sorelle hanno salutato le amiche.

_____

4. Mio fratello ha scritto ai miei genitori.

_____

5. Lui ha mandato un fax.

_____

F. *Answer each question by using the cue in parentheses and either the* **passato prossimo** *or the* **imperfetto** *of* **sapere** *or* **conoscere** *according to the meaning.*

ESEMPIO   Sapevi che Luisa era a Roma? (no)
No, non lo sapevo.

1. Sapevi che Gabriella era sposata? (sì)

_____

2. Sapevi che l'esame d'italiano era oggi? (no, un'ora fa)

_____

3. Sapevi che dovevi preparare un discorso? (no, qualche minuto fa)

_____

4. Conoscevi Renzo? (sì, da molti anni)

_____

5. Conoscevi la figlia del professore di storia? (no)

_____

6. Conoscevi il fratello di Piero? (sì, a una festa l'altra sera)

_____

COMPRENSIONE   (CD 4, TRACK 16)

A. *Change each sentence to the* **passato prossimo** *as in the example. Then repeat the response after the speaker.*

ESEMPIO   Di solito votavo per i repubblicani.
Anche ieri ho votato per i repubblicani.

1. _____   2. _____   3. _____   4. _____

B. *Use the cues to state what Maria's brothers and sisters were doing when she came home. Then repeat the response after the speaker.*

ESEMPIO   Lucio mangiava, quando Maria è ritornata. (Lucio/leggere)
Lucio leggeva, quando Maria è ritornata.

1. _____   2. _____   3. _____   4. _____

C. *During your stay in Italy you met an American student. Now you're telling a friend what he told you about himself. Use the cue to form each sentence. Then repeat the response after the speaker.*

    ESEMPIO   Mi ha detto che lavorava in un bar. (vivere con amici)
                    Mi ha detto che viveva con amici.

    1. _____   2. _____   3. _____   4. _____   5. _____

9.3   *Da quanto tempo? Da quando?*

PRATICA

A. *Write the question that would elicit each answer, using **Da quanto tempo** or **Da quando** accordingly.*

    ESEMPIO   Sono a Bologna dal mese scorso.
                    Da quando sei a Bologna?

    1. Sono sposato da una settimana.

      _____

    2. Lavoro dal mese di ottobre.

      _____

    3. Nino suona la chitarra da anni.

      _____

    4. Conosco Marisa da diversi mesi.

      _____

    5. Viviamo in Via Garibaldi dall'anno scorso.

      _____

    6. Gianna e Paolo escono insieme da un mese.

      _____

    7. I nonni abitano in Riviera da molto tempo.

      _____

B. *An Italian high school student is interviewing you about your high school years. Answer each question in a complete sentence, using a time expression or the negation **non ... ancora**.*

    ESEMPIO   Da quanto tempo avevi la macchina?
                    L'avevo da pochi mesi. *or* **Non l'avevo ancora.**

    1. Da quanto tempo frequentavi la scuola secondaria?

      _____

2. Da quanto tempo uscivi solo(a) la sera?

_____

3. Da quanto tempo sapevi ballare?

_____

4. Da quanto tempo avevi il ragazzo (la ragazza)?

_____

5. Da quanto tempo lavoravi?

_____

6. Da quanto tempo studiavi una lingua straniera?

_____

COMPRENSIONE　(CD 4, TRACK 17)

A. *Liliana is asking you how long you've been doing different things. Use the cues to answer her. Then repeat the response after the speaker.*

ESEMPIO　　Da quanto tempo fai medicina? (un anno)
　　　　　　　Faccio medicina da un anno.

1. _____　2. _____　3. _____　4. _____

B. *Antonio is asking some friends since when they have been doing different things. Use the cue to re-create each answer. Then repeat the response after the speaker.*

ESEMPIO　　Da quando siete qui? (stamattina)
　　　　　　　Siamo qui da stamattina.

1. _____　2. _____　3. _____　4. _____

9.4 Il trapassato prossimo

PRATICA

A. *Answer each question, using the cue in parentheses and the* **trapassato prossimo**.

1. Perché il candidato era scontento? (perdere le elezioni)

_____

2. Perché il primo ministro era stanco? (avere troppe riunioni)

_____

3. Perché i due studenti festeggiavano con spumante? (laurearsi)

_____

4. Perché voi avevate sonno? (andare a letto tardi)

_____

5. Perché la signora era felice? (ritornare dall'ospedale)

_____

6. Perché la gente rideva? (sentire una barzelletta [_joke_])

_____

7. Perché non eri in classe? (andare dal dentista)

_____

B. _Restate what a friend told you about his or her first experience at the voting polls. Start each sentence_ with **Mi ha detto che**, _followed by the_ **trapassato prossimo**. _Make all the necessary changes._

ESEMPIO   Ho visto poca gente per la strada.
            Mi ha detto che aveva visto poca gente per la strada.

1. Ho cercato la casa.

_____

2. Sono entrato(a) nel garage.

_____

3. Ho perso il portafoglio.

_____

4. Ho comprato un videoregistratore.

_____

5. Ho ascoltato le notizie alla TV.

_____

6. Ho visto un film di fantascienza.

_____

COMPRENSIONE   (CD 4, TRACK 17)

A. *Listen to the model sentence. Then form a new sentence by substituting the subject given and making all necessary changes. Repeat each response after the speaker.*

ESEMPIO   Io non avevo capito bene. (Carlo)
Carlo non aveva capito bene.

1. _____   2. _____   3. _____   4. _____   5. _____

B. *The following people didn't eat because they had already done so. Re-create their statements by substituting the subject given and making all necessary changes. Repeat each response after the speaker.*

ESEMPIO   Io non ho mangiato perché avevo già mangiato. (noi)
Noi non abbiamo mangiato perché avevamo già mangiato.

1. _____   2. _____   3. _____   4. _____

Adesso scriviamo!

Da bambino(a)

Per il tuo corso di psicologia dello sviluppo del bambino devi scrivere una breve descrizione di com'eri da bambino e che cosa facevi.

A. *Per organizzare le tue idee rispondi alle seguenti domande con frasi complete.*

1. Come andavi a scuola?_____

2. Con chi giocavi? _____

3. A che cosa giocavate? _____

4. Che programmi guardavi alla TV? _____

5. Che cosa mangiavi? _____

6. Che cosa leggevi?_____

7. Cosa facevi la domenica? _____

8. Cosa volevi diventare? _____

B. *Ora organizza il tuo compito in tre paragrafi usando le risposte che hai dato alle domande.*

La moda

Punti di vista

Oggi facciamo le valigie (CD 5, TRACK 1)

Terry e Jane si preparano per andare a studiare all'Università Italiana per Stranieri di Perugia. Oggi fanno le valigie.

TERRY   Hai deciso che cosa mettere nella valigia?

JANE   Poca roba. Non mi piace viaggiare con valigie pesanti.

TERRY   Io porto un impermeabile perché ho sentito dire che a Perugia piove spesso in primavera.

JANE   E io porto un due pezzi di lana per quando fa fresco, questo vestito bianco e quelle due camicette, una di seta e l'altra di cotone.

TERRY   Non dimenticare di portare scarpe comode, perché nelle città italiane si gira a piedi e non in macchina.

JANE   Allora porto queste scarpe da tennis.

TERRY   Ma cos'è quel barattolo che hai messo nella valigia? Peanut butter?!

JANE   Sì, perché ho sentito dire che non è facile trovarlo in Italia, e io non posso farne a meno.

TERRY   Lo so, ma in Italia c'è la Nutella, una crema di cioccolato e noccioline, molto buona! E non dimenticare che a Perugia ci sono i Baci Perugina!

COMPRENSIONE (CD 5, TRACK 2)

Listen to each statement about the dialogue. Circle **È vero** *if the statement is true, and* **Non è vero** *if it is false.*

1. È vero.   Non è vero.   3. È vero.   Non è vero.

2. È vero.   Non è vero.   4. È vero.   Non è vero.

Studio di parole Articoli di abbigliamento

A. **Cosa ci mettiamo?** *Scrivi almeno quattro parole per ogni lista.*

1. Estate (*Summer*):

   _____

   _____

2. Inverno (*Winter*):

   _____

   _____

3. Accessori

   _____

   _____

B. **Un abito per ogni occasione.** *Rispondi alle domande con una frase completa.*

1. Cosa ti metti quando hai caldo?_____

2. Cosa ti metti quando piove? _____

3. Cosa ti metti per andare a teatro? _____

4. Cosa ti metti per andare in palestra (*gym*)?_____

5. Cosa ti metti per andare a una festa con amici? _____

6. Cosa ti metti quando hai freddo?_____

Punti grammaticali

10.1 L'imperativo

PRATICA

A. *Invite your friends to do the following things with you.*

ESEMPIO (andare al cinema) **Andiamo al cinema!**

1. (fare colazione) _____

2. (ascoltare dei dischi) _____

3. (prendere un aperitivo) _____

4. (giocare a tennis) _____

B. *Give the* **tu** *form of the imperative in response to the following questions.*

ESEMPIO Posso venire domani? **Vieni!**

1. Posso uscire? _____

2. Posso entrare? _____

3. Posso spedire la lettera? _____

4. Posso parlare? _____

5. Posso partire stasera? _____

C. *Invite your friend to do the following things.*

ESEMPIO (avere pazienza) **Abbi pazienza!**

1. (stare zitto(a)) _____

2. (essere prudente) _____

3. (dire la verità) _____

4. (andare alla posta) _____

5. (dare il latte al gatto) _____

D. *Invite your friend to do the opposite of what he or she is doing.*

    ESEMPIO   Ha fretta.   **Non avere fretta!**

  1. Compra troppi vestiti.

    _____

  2. È sempre in ritardo.

    _____

  3. Sta a letto quando piove.

    _____

  4. Promette cose che non può mantenere (*to keep*).

    _____

  5. Dice troppe bugie (*lies*).

    _____

  6. Porta troppe valigie quando viaggia.

    _____

E. *Invite your younger brothers to do the opposite of what they're doing.*

    ESEMPIO   Leggono le tue lettere.   **Non leggete le mie lettere!**

  1. Usano la tua carta da lettere (*stationery*).

    _____

  2. Fanno troppo rumore (*noise*).

    _____

  3. Giocano nella tua stanza.

    _____

  4. Mettono i vestiti nuovi quando vanno al parco.

    _____

  5. Dimenticano di mettersi il golf quando fa freddo.

    _____

F. *Give the formal imperative of each verb.*

ESEMPIO (partire) **Parta!**

1. (provare questo vestito) _____

2. (non partire oggi)_____

3. (prendere una misura più grande) _____

4. (non andare in quel negozio)_____

5. (fare attenzione) _____

6. (avere pazienza)_____

7. (venire alla sfilata di moda) _____

8. (non essere in ritardo) _____

9. (dare la carta di credito alla commessa) _____

10. (pagare alla cassa) _____

COMPRENSIONE (CD 5, TRACK 3)

A. *Invite some friends to do the following things using each verb given, as indicated in the example. Then repeat the response after the speaker.*

ESEMPIO entrare **Entrate!**

1. _____ 2. _____ 3. _____ 4. _____

B. *You invite Lucia to share with you each of the following activities. Repeat the correct response after the speaker.*

ESEMPIO andare al cinema **Andiamo al cinema!**

1. _____ 2. _____ 3. _____

C. *Tell your friend Alberto not to do the following things. Then repeat the response after the speaker.*

ESEMPIO uscire stasera **Non uscire stasera!**

1. _____ 2. _____ 3. _____ 4. _____ 5. _____

D. *Invite your friend to do the following things. Then repeat the response after the speaker.*

ESEMPIO dire la verità **Di' la verità!**

1. _____ 2. _____ 3. _____ 4. _____

10.2 Aggettivi e pronomi dimonstrativi

PRATICA

A. *You're going shopping with a friend to buy him a gift. Ask him which item he prefers by using the elements given and the appropriate form of* **questo** *and* **quello**. *Follow the example.*

ESEMPIO (completo grigio/giacca blu)
Preferisci questo completo grigio o quella giacca blu?

1. (maglione di lana/cravatta di seta)

_____

2. (portafoglio di pelle/dischi di Pavarotti)

_____

3. (radio [*f.*] giapponese/calcolatrice elettronica)

_____

4. (macchina fotografica/televisore americano)

_____

B. *Answer each question using the appropriate form of the adjective* **quello**.

ESEMPIO Quale vestito hai ammirato? **Ho ammirato quel vestito.**

1. Quali stivali hai provato?

_____

2. Quale completo ti sei messo ieri?

_____

3. In quale macchina sei venuto(a)?

_____

4. Quali impiegati hai salutato?

_____

5. A quale commessa hai parlato?

_____

6. Quali begli anni hai ricordato?

_____

C. *Complete each statement with a sentence of opposite meaning, using the appropriate form of the pronoun* **quello***.*

ESEMPIO Questo dizionario è nuovo; **quello è vecchio**.

1. Questa ragazza è fortunata; _____.

2. Quest'uomo è grasso; _____.

3. Quest'appartamento è grande; _____.

4. Queste gonne sono corte; _____.

5. Questa storia è complicata; _____.

6. Questi calzini sono larghi; _____.

D. *Indicate your choice in each of the following situations by substituting the appropriate form of the pronoun* **quello** *for the noun. Answer in a complete sentence.*

1. È la notte di San Silvestro (*New Year's Eve*) e Lei vuole divertirsi: Preferisce uscire con amici tristi o con amici allegri (*cheerful*)?

   _____

2. Fa freddo e Lei ha solamente due vestiti, uno leggero e l'altro pesante: Quale preferisce mettersi?

   _____

3. È impiegato(a) e ha la possibilità di scegliere (*choose*) fra un capoufficio molto nervoso e un altro calmo e paziente: Quale preferisce scegliere?

   _____

COMPRENSIONE (CD 5, TRACK 4)

A. *Imagine that you are working in a fashionable Italian boutique. Advertise your products, using the cue and following the example. Then repeat the response after the speaker.*

ESEMPIO Questo vestito è elegante. (borsetta)
Questa borsetta è elegante.

1. _____ 2. _____ 3. _____ 4. _____ 5. _____

B. *Luisa is shopping in the clothing section of an Italian department store and is pointing out the items she wants to buy. Use the cue and follow the example to formulate her statements. Repeat each response after the speaker.*

ESEMPIO Desidero quel maglione. (ombrello)
Desidero quell'ombrello.

1. _____ 2. _____ 3. _____

C. *Answer each question using the appropriate form of* **quello***. Then repeat the response after the speaker.*

ESEMPIO Hai comprato queste scarpe?
No, ho comprato quelle scarpe.

1. _____ 2. _____ 3. _____ 4. _____

10.3 I mesi e la data

PRATICA

A. *Write out the departure and arrival dates of each person, using a complete sentence.*

ESEMPIO   Piero: 26/12–3/1
Piero è partito il ventisei dicembre ed è ritornato il tre gennaio.

1. Mirella: 11/7–1/9

_____

2. i signori Lamborghini: 15/4–21/6

_____

3. Marcello: 14/8–31/10

_____

4. il Presidente: 21/2–1/3

_____

B. *Write out the year in which each person was born, using a complete sentence.*

ESEMPIO   George Washington (1732)
George Washington nacque (= è nato) nel millesettecentotrentadue.

1. Dante Alighieri (1265)

_____

2. Michelangelo Buonarroti (1475)

_____

3. Galileo Galilei (1564)

_____

4. Giuseppe Garibaldi (1807)

_____

5. E Lei? Quando è nato(a)?

_____

COMPRENSIONE   (CD 5, TRACK 5)

A. *Repeat after the speaker.*

I mesi dell'anno: _____ _____ _____ _____ _____ _____

_____ _____ _____ _____ _____ _____

B. *Sergio is always mistaken about his friends' birthdays. Every time he asks about one, he believes it to be one month earlier. Following the example, formulate the right answer to each of his questions. Then repeat the response after the speaker.*

ESEMPIO   È in agosto il compleanno di Marisa?
No, è in settembre.

1. _____   2. _____   3. _____   4. _____

C. *Repeat the following dates after the speaker.*

1. nel 1918   nel 1945   nel 1989   nel 1492

2. il 25 luglio 1943   il 22 febbraio 1732   il 14 luglio 1789

3. il 25/12   il 1/11   il 14/2

10.4   Le stagioni e il tempo

PRATICA

A. *Answer each question in a complete sentence.*

1. In quale stagione gli alberi perdono le foglie (*leaves*)?

_____

2. Qual è la stagione preferita dagli appassionati di sci (*ski*)?

_____

3. Quale stagione aspettano impazientemente tutti gli studenti?

_____

4. In quale stagione arriva Pasqua (*Easter*)?

_____

5. In quale stagione è nato(a) Lei?

_____

B. *Choose one of the following expressions to complete each sentence.*

fa caldo   fa freddo   fa bel tempo
piove   c'è nebbia   nevica
c'è vento

1. Roberto porta un golf di lana perché _____.

2. Simonetta si è messa un abito leggero perché _____.

3. La signora esce con l'ombrello perché _____.

4. I bambini si sono messi gli stivali e il cappotto perché _____.

5. Dino procede lentamente con la macchina perché _____.

6. Il dottor Lisi non si è messo il cappello (*hat*) perché _____.

7. Le ragazze escono per una passeggiata a piedi perché _____.

C. *Give the equivalent in Italian.*

1. It was very cold this fall.

   _____

2. Yesterday it rained the whole day.

   _____

3. Did it snow in Florence last winter?

   _____

4. How was the weather last summer?—It was very hot.

   _____

D. *Answer each question as in the example.*

ESEMPIO   Piove a Torino? (ieri)   **No, ma è piovuto ieri!**

1. Nevica sulle Alpi? (tutta la settimana)

   _____

2. Fa brutto tempo in Riviera? (domenica scorsa)

   _____

3. Tira vento fuori? (questa mattina)

   _____

4. Fa caldo lì? (in agosto)

_____

5. C'è nebbia oggi? (tutto ieri)

_____

6. C'è il sole adesso? (per qualche ora)

_____

COMPRENSIONE (CD 5, TRACK 6)

A. _Repeat after the speaker._

Le stagioni: _____ _____ _____ _____

B. _Form a new sentence by substituting the cue. Then repeat the response after the speaker._

ESEMPIO Questa mattina fa bel tempo. (fa brutto tempo)
Questa mattina fa brutto tempo.

1. _____ 2. _____ 3. _____ 4. _____ 5. _____ 6. _____

C. _Some friends have just returned from a long trip abroad and are asking what the weather was like during their absence. Use the cue to formulate each answer. Then repeat the response after the speaker._

ESEMPIO Ha fatto bello ieri qui? (sì) **Sì, ha fatto bello.**

1. _____ 2. _____ 3. _____ 4. _____ 5. _____

✐ Adesso scriviamo!

In vacanza

Organizzi di andare in vacanza con un amico (un'amica). Non volete dimenticare niente, così decidete di scrivere una lista di cose da portare.

A. Prima di cominciare decidi la destinazione e il periodo dell'anno.

_____

B. Prepara una lista di almeno dieci capi di abbigliamento e di accessori.

_____

_____

_____

_____

C. Ora scrivi un messaggio al tuo amico (alla tua amica). Dai consigli su cosa portare usando l'imperativo.

_____

_____

_____

_____

_____

_____

Nome_____ **Date**_____ **Classe**_____

In cucina

Punti di vista

 ## Il giorno di Pasqua   (CD 5, TRACK 7)

Oggi è la domenica di Pasqua e, per festeggiarla, Marco e Paolo sono ritornati da Bologna, dove studiano medicina. Sono venuti per passare alcuni giorni con la loro famiglia. È l'ora del pranzo: i due fratelli apparecchiano la tavola.

PAOLO   Hai messo i piatti, le posate e i bicchieri?

MARCO   Sì, li ho già messi. E anche i tovaglioli.

PAOLO   Hai preso l'acqua minerale dal frigo?

MARCO   Ma sì! L'ho presa! E tu, hai portato a casa la colomba pasquale?

PAOLO   Certo, ho comprato una colomba Motta. E i fiori?

MARCO   Ho dimenticato di comprarli, ma ho preso un bell'uovo di cioccolato con la sorpresa. Lo diamo adesso alla mamma?

PAOLO   È meglio aspettare la fine del pranzo.

E così, alla fine del pranzo, la mamma riceve un grosso uovo di cioccolato, con gli auguri di Pasqua.

 ## COMPRENSIONE   (CD 5, TRACK 8)

Listen to each statement about the dialogue. Circle **È vero** *if the statement is true, and* **Non è vero** *if it is false.*

1. È vero.   Non è vero.   3. È vero.   Non è vero.

2. È vero.   Non è vero.   4. È vero.   Non è vero.

Studio di parole   La cucina e gli ingredienti

A. **Gioco di abbinamento.** *Abbina (Match) i verbi della lista A con gli ingredienti appropriati della lista B.*

A

1. _____ condire

2. _____ aggiungere

3. _____ friggere

4. _____ versare

5. _____ fare bollire

6. _____ cuocere

7. _____ mescolare

B

a. l'acqua per la pasta

b. il vino nel bicchiere

c. le uova in una padella

d. la farina, le uova, l'acqua e il sale per fare la pasta

e. il sale all'acqua

f. l'insalata con l'olio, l'aceto, il sale e il pepe

g. la pasta al dente

B. **In cucina.** *Completa le frasi con la parola o l'espressione appropriata.*

1. Per conservarlo, metto il latte _____.

2. Quando preparo l'insalata la condisco (condire) con _____.

3. Per friggere le uova uso _____.

4. Per cucinare della pasta uso _____.

5. Per mangiare la zuppa uso _____.

6. Per mangiare gli spaghetti uso _____.

7. Per tagliare una mela uso _____.

8. Per bere uso _____.

9. Quando preparo la tavola metto prima _____.

10. Per cucinare una torta la metto _____.

Punti grammaticali

11.1 I pronomi diretti

PRATICA

A. *Here's a list of some of the things Anna does during a typical day. Rewrite each sentence replacing the underlined words with a direct object pronoun.*

    ESEMPIO   Prende <u>il caffè</u>.   **Lo prende.**

   1. Prepara <u>la colazione</u>. _____

   2. Vede <u>gli amici</u>. _____

   3. Beve <u>il caffè</u>. _____

   4. Fa <u>i compiti</u>. _____

   5. Pulisce <u>la sua stanza</u>. _____

   6. Fa <u>la spesa</u>. _____

   7. Invita <u>le sue amiche</u>. _____

B. *Answer each question in the affirmative, according to the example.*

    ESEMPIO   Mi porti al cinema?   **Sì, ti porto al cinema.**

   1. Ci inviti al ristorante? _____

   2. Mi aspetti alla stazione? _____

   3. Ci porti allo zoo? _____

   4. Ci vedi questa sera? _____

   5. Mi chiami alle cinque? _____

C. *Your friend Laura returned from a trip and wanted to know if you did the things she had asked you to. Answer each question by replacing the underlined words with the appropriate object pronoun.*

    ESEMPIO   Hai chiamato <u>gli amici</u>?   **Sì, li ho chiamati.**

   1. Hai lavato <u>il frigo</u>? _____

   2. Hai fatto <u>la spesa</u>? _____

   3. Hai comprato <u>i bicchieri</u>? _____

   4. Hai scritto <u>le cartoline</u>? _____

   5. Hai pulito <u>il forno</u>? _____

D. *Answer the following questions in the negative.*

ESEMPIO   Avete invitato i vostri parenti?   **No, non li abbiamo invitati.**

1. Avete riparato la lavastoviglie?

_____

2. Avete aspettato il nonno?

_____

3. Avete lavato i piatti?

_____

4. Avete messo le posate nel cassetto?

_____

5. Avete bevuto il latte?

_____

COMPRENSIONE   (CD 5, TRACK 9)

A. *A friend is asking if you plan to do the following things. Answer using the appropriate direct object pronoun. Then repeat the response after the speaker.*

ESEMPIO   Mi chiami domani?   **Sì, ti chiamo domani.**

1. _____   2. _____   3. _____   4. _____

B. *You're giving a party, and your mother wants to know whom you're inviting. Answer by replacing the noun with the direct object pronoun. Then repeat the response after the speaker.*

ESEMPIO   Inviti Laura?   **Sì, la invito.**

1. _____   2. _____   3. _____   4. _____   5. _____   6. _____

C. *Gino and Luciano are asking if you plan to do the following things. Answer in the negative. Then repeat the response after the speaker.*

ESEMPIO   Ci vedi domani?   **No, non vi vedo domani.**

1. _____   2. _____   3. _____   4. _____

11.2 I pronomi indiretti

PRATICA

A. *Your father wants to know if you and your brother Matteo are doing the following things. Answer each question by replacing the underlined words with the appropriate indirect object pronoun.*

ESEMPIO   Telefonate <u>alla mamma</u>?   **Sì, le telefoniamo.**

1. Rispondete <u>agli zii</u>? _____

2. Parlate <u>alla vostra professoressa</u>? _____

3. Scrivete <u>ai parenti</u>? _____

4. Telefonate <u>alla zia Giuseppina</u>? _____

5. Rispondete <u>a vostro cugino Pietro</u>? _____

6. Telefonate <u>al dottore</u>? _____

7. Scrivete <u>a vostra madre e a me</u>? _____

8. Scrivete <u>a vostra nonna</u>? _____

B. *Answer each question by replacing the underlined words with an indirect object pronoun.*

ESEMPIO   Hai scritto <u>a Teresa</u>?   **Sì, le ho scritto.**

1. Hai telefonato <u>a Franco</u>? _____

2. Hai risposto <u>alla professoressa</u>? _____

3. Hai scritto <u>a Mariella</u>? _____

4. Hai parlato <u>al dottore</u>? _____

5. Hai telefonato <u>ai tuoi amici</u>? _____

C. **Quando?** *Filippo wants to know when you and Gino did the following things. Answer using the cue in parentheses and replacing the underlined words with the appropriate object pronoun.*

ESEMPIO   Quando <u>ci</u> avete telefonato? (ieri)
           Vi abbiamo telefonato ieri.

1. Quando avete risposto <u>a me e a Roberto</u>? (due giorni fa)

_____

2. Quando avete scritto <u>a Teresa</u>? (la settimana scorsa)

_____

3. Quando <u>ci</u> avete mandato gli auguri? (ieri)

_____

4. Quando <u>mi</u> avete telefonato? (un mese fa)

_____

5. Quando avete risposto <u>ai vostri genitori</u>? (sabato)

_____

6. Quando avete invitato <u>me e Roberto</u>? (tre giorni fa)

_____

COMPRENSIONE (CD 5, TRACK 10)

A. *Answer each question, replacing the noun with the appropriate indirect object pronoun. Then repeat the response after the speaker.*

ESEMPIO   Scrivi a Luigi?   **Sì, gli scrivo.**

1. _____   2. _____   3. _____   4. _____   5. _____

B. *Answer each question using the formal indirect object pronoun. Then repeat the response after the speaker.*

ESEMPIO   Professore, mi scrive?   **Sì, Le scrivo.**

1. _____   2. _____   3. _____   4. _____

C. *Your father wants to know if you and your brother have written to the following people. Answer affirmatively, as in the example. Then repeat the response after the speaker.*

ESEMPIO   Avete scritto allo zio?   **Sì, gli abbiamo scritto.**

1. _____   2. _____   3. _____   4. _____   5. _____

11.3 Pronomi con l'infinito e *ecco*!

PRATICA

A. *Answer each question beginning your sentence with* **Ho dimenticato di...** *and replacing the under-lined words with the appropriate object pronouns.*

ESEMPIO   Hai chiamato <u>Lucia</u>?   **Ho dimenticato di chiamarla.**

1. Hai comprato <u>le banane</u>?

_____

2. Hai chiuso <u>la porta</u>?

_____

3. Hai telefonato <u>a Matteo</u>?

_____

4. Hai parlato <u>a Stefania</u>?

_____

5. Hai cercato <u>il numero di telefono</u>?

_____

6. Hai invitato <u>gli zii</u> a pranzo?

_____

B. *Your roommate asks you where the following things are. You point them out to him (her).*

ESEMPIO   Dov'è la calcolatrice?   **Eccola!**

1. Dov'è l'elenco telefonico? _____

2. Dove sono i tovaglioli di carta? _____

3. Dove sono le uova? _____

4. Dov'è il giornale di oggi? _____

5. Dov'è la lista della spesa? _____

6. Dove sono le chiavi? _____

COMPRENSIONE   (CD 5, TRACK 11)

A. *Your parents have come to visit, and you're showing them the sights of the city. Use **ecco** and the appropriate pronoun. Then repeat the response after the speaker.*

ESEMPIO   il monumento di Verdi   **Eccolo!**

1. _____   2. _____   3. _____   4. _____

B. *Your sister is going shopping and wants to know if she should buy the following items. Answer, replacing the noun with the appropriate direct object pronoun. Then repeat the response after the speaker.*

ESEMPIO   Devo comprare la carne?   **Sì, devi comprarla.**

1. _____   2. _____   3. _____   4. _____

C. *Answer each question by replacing the noun with the appropriate indirect object pronoun. Then repeat the response after the speaker.*

ESEMPIO   Devo parlare al professore?   **Sì, devi parlargli.**

1. _____   2. _____   3. _____   4. _____

11.4 L'imperativo con un pronome (diretto, indiretto o riflessivo)

PRATICA

A. *Ask your roommate to do the following things.*

    ESEMPIO   aspettare   **Aspettami!**

    1. dire dov'è l'elenco telefonico _____

    2. dare la guida della TV _____

    3. fare un favore _____

    4. comprare un chilo di pere _____

    5. ascoltare quando parlo _____

    6. spedire questa lettera _____

B. *Your sister is going shopping; she asks you if she should get the following things.*

    ESEMPIO   Prendo le pere? (sì)   **Sì, prendile!**

    1. Prendo i grissini? (no) _____

    2. Prendo le uova? (sì) _____

    3. Prendo il burro? (no) _____

    4. Prendo i biscotti? (sì) _____

    5. Prendo l'aranciata? (sì) _____

    6. Prendo lo zucchero? (no) _____

    7. Prendo i limoni? (sì) _____

C. *You're in charge of your two little brothers. Ask them to do, or not to do, the following things.*

    ESEMPIO   prepararsi per la scuola   **Preparatevi per la scuola!**

    1. svegliarsi _____

    2. lavarsi bene le orecchie _____

    3. vestirsi rapidamente _____

    4. mettersi la giacca di lana _____

    5. non annoiarsi in classe _____

    6. non fermarsi dopo le lezioni _____

    7. divertirsi al parco _____

D. *Your best friend is asking you for advice.*

ESEMPIO   Devo telefonare alla mia ragazza? (sì)
Sì, telefonale!

1. Devo parlare al professore? (sì) _____

2. Devo scrivere a Marisa? (no) _____

3. Devo rispondere agli zii? (sì)_____

4. Devo domandare scusa a mio fratello? (sì) _____

5. Devo telefonare all'avvocato? (no) _____

6. Devo chiedere a Laura se viene con noi? (sì) _____

E. *Change the following sentences from the familiar to the formal form of the imperative.*

ESEMPIO   Parlale!   **Le parli!**

1. Scrivimi!   _____

2. Fammi un favore! _____

3. Dalle la ricetta! _____

4. Non telefonargli, scrivigli!_____

5. Alzati presto domani mattina! _____

6. Non invitarli a pranzo, invitali a cena! _____

7. Regalale un libro di cucina! _____

COMPRENSIONE   (CD 5, TRACK 12)

A. *Your friend Pietro wants to eat everything in sight. Answer his questions, as in the example. Then repeat the response after the speaker.*

ESEMPIO   Posso mangiare la torta?   **Mangiala!**

1. _____   2. _____   3. _____   4. _____

B. *Invite your sister to join you in doing the following things. Replace the noun with the appropriate pronoun. Then repeat the response after the speaker.*

ESEMPIO   parlare alla mamma   **Parliamole!**

1. _____   2. _____   3. _____   4. _____

C. *Your parents have gone away for the weekend, and you're in charge of your two younger brothers. Tell them what they have to do. Then repeat the response after the speaker.*

ESEMPIO   alzarsi   **Alzatevi!**

1. _____   2. _____   3. _____   4. _____

Adesso scriviamo!

Una bella torta

Decidi di invitare un amico (un'amica) a cena e di preparare una bella torta. Questi sono gli ingredienti necessari per preparare una torta: la farina, le uova, lo zucchero, il latte, il burro, la frutta. Ora descrivi che cosa fai per prepararla. Usa verbi come **mescolare, aggiungere, versare** *e altri.*

_____

_____

_____

_____

_____

_____

_____

_____

Le vacanze

Punti di vista

Al mare   (CD 5, TRACK 13)

Due bagnini su una spiaggia dell'Adriatico parlano fra di loro.

GIOVANNI   Hai visto quanti turisti ci sono quest'anno?

LORENZO   Sì, e molti altri arriveranno nelle prossime settimane.

GIOVANNI   Arrivano con le loro tende e i loro camper da tutta l'Europa.

LORENZO   Il campeggio è un modo economico di fare le vacanze.

GIOVANNI   Molti non hanno la tenda, ma solo uno zaino e un sacco a pelo. Quando sono stanchi di stare sulla spiaggia, fanno l'autostop e vanno in montagna.

LORENZO   E hai visto come sono attrezzati? Hanno tutto l'occorrente per passare l'estate in Italia.

GIOVANNI   Sì, e viaggiano con le loro carte geografiche. Molti conoscono l'Italia meglio di noi.

LORENZO   Quest'estate saremo più occupati del solito. Non ho mai visto tanta gente!

GIOVANNI   È vero. Ma mi piace questo lavoro perché posso ammirare lo spettacolo magnifico del mare.

UNA VOCE   Bagnino, aiuto! Aiuto!

LORENZO   Addio, spettacolo!

COMPRENSIONE   (CD 5, TRACK 14)

Listen to each statement about the dialogue. Circle **È vero** *if the statement is true, and* **Non è vero** *if it is false.*

1. È vero.   Non è vero.   3. È vero.   Non è vero.

2. È vero.   Non è vero.   4. È vero.   Non è vero.

Studio di parole In vacanza

A. **Cosa portiamo?** *Scrivi almeno quattro cose per ogni lista.*

1. Al mare porto _____ .

2. In montagna porto _____ .

B. **Preferenze.** *Rispondi alle domande con frasi complete.*

1. Preferisci andare al mare o in montagna?

   _____

2. Preferisci dormire in una tenda o in un bell'albergo?

   _____

3. Cosa è necessario per fare il campeggio?

   _____

4. Cosa è necessario avere per non perdersi?

   _____

5. Cosa è necessario per andare all'estero?

   _____

Punti grammaticali

12.1 Il futuro

PRATICA

A. *Create a new sentence by substituting each subject in parentheses.*

1. Quando pagherai il conto tu? (voi, il turista, loro)

   _____

   _____

   _____

2. Noi staremo attenti. (io, tu e lui, i bambini, il giovanotto)

_____

_____

_____

_____

3. Io berrò quando avrò sete. (lei, noi, i viaggiatori)

_____

_____

_____

4. La signora verrà se potrà. (io, io e lui, i nonni)

_____

_____

_____

B. *An optimist is predicting what will happen 50 years from now (**tra cinquant'anni**). Complete each statement in the future tense.*

ESEMPIO (essere) Tutti **saranno** ricchi.

1. (essere) La Russia _____ amica di tutto il mondo.

2. (vivere) Tutti i paesi _____ in pace.

3. (diventare) L'Europa _____ una confederazione di paesi.

4. (sostituire [*to replace*]) L'energia solare _____ l'energia nucleare.

5. (avere) L'Italia _____ un governo stabile.

6. (occupare) Una presidentessa _____ la Casa Bianca.

7. (continuare) Le vacanze _____ tutto l'anno.

8. (pagare) Noi non _____ più tasse.

9. (lavorare) I computer _____ per noi.

C. *Answer each question in the negative, using either the future or the* **passato prossimo** *according to the expression of time in parentheses, and substituting pronouns wherever appropriate.*

> **ESEMPIO** Vedi quel film stasera? (sabato prossimo)
> **No, lo vedrò sabato prossimo.**
> Vedi quel film stasera? (sabato scorso)
> **No, l'ho visto sabato scorso.**

1. Parti per l'Adriatico oggi? (fra due settimane)

_____

2. Fai una gita al Lago Maggiore? (tre giorni fa)

_____

3. Vai all'università stamattina? (domani mattina)

_____

4. Puoi scrivere la risposta a questa lettera? (fra qualche giorno)

_____

5. Mangi ora? (fra un'ora)

_____

6. Mi presti la macchina? (anche ieri)

_____

7. Vuoi dei soldi oggi? (la settimana prossima)

_____

8. Sei stanco di lavorare? (fra qualche minuto)

_____

D. *A friend is asking Paola whether she is doing the following things, and Paola answers that she will do them when or if other things take place. Answer with a complete sentence, using the cues and following the example.*

> **ESEMPIO** Compri gli scarponi? (se/andare in montagna)
> **Li comprerò, se andrò in montagna.**

1. Non accendi (*light*) il fuoco? (quando/gli altri ritornare)

_____

2. Non prendi il sole oggi? (se/fare più caldo)

_____

3. Non ti prepari a partire? (non appena/avere i biglietti)

_____

4. Non ti abbronzi in giardino? (quando/essere alla spiaggia)

_____

5. Non metti la merenda (*snack*) nello zaino? (non appena/essere pronta)

_____

6. Parti con tua sorella? (se/lei stare meglio [*better*])

_____

7. Porti anche il tuo fratellino? (se/lui volere venire)

_____

E. *It's winter vacation and everyone is going to a different place. What kind of weather will they find there? Form a sentence using the future and the cues.*

ESEMPIO   (Taormina/bel tempo)   **A Taormina farà bel tempo.**

1. (Monte Etna/nevicare) _____

2. (Acapulco/caldo) _____

3. (Bologna/nebbia) _____

4. (Firenze/piovere) _____

5. (Chicago/vento) _____

6. (Adriatico/brutto tempo) _____

7. (Nuova York/molto freddo) _____

F. *You're wondering about some friends who have gone abroad on vacation. Turn each statement into a question expressing your conjectures.*

ESEMPIO   Oggi sono a Roma.   **In che città saranno oggi?**

1. Fa caldo in Italia. _____

2. Non si annoiano; si divertono. _____

3. Trovano il paese molto bello. _____

4. Visitano i Musei Vaticani. _____

5. Vanno anche in Sicilia. _____

6. Si ricordano dei loro amici. _____

7. Scrivono cartoline. _____

8. Trovano il cambio del dollaro poco favorevole. _____

COMPRENSIONE (CD 5, TRACK 15)

A. *Listen to the model sentence. Then form a new sentence by substituting the subject given. Repeat each response after the speaker.*

ESEMPIO   Io passerò le vacanze al mare. (tu)
Tu passerai le vacanze al mare.

1. _____   2. _____   3. _____   4. _____

B. *Listen to the model sentence. Then form a new sentence by substituting the subject given and making all necessary changes. Repeat each new response after the speaker.*

ESEMPIO   Luisa si divertirà quest'estate. (io)
Io mi divertirò quest'estate.

1. _____   2. _____   3. _____   4. _____

C. *A friend is asking Patrizia about her summer projects. Re-create her answers, using the suggested cues. Then repeat the response after the speaker.*

ESEMPIO   Andrai al lago? (no/al mare)
No, andrò al mare.

1. _____   2. _____   3. _____   4. _____   5. _____

12.2 I pronomi tonici

PRATICA

Answer each question using the appropriate disjunctive pronoun.

ESEMPIO   Esci con Mariella?   **Sì, esco con lei.**

1. Abiti vicino a Luciano?_____

2. Questa lettera è per noi? _____

3. Vai da Pietro e Carlo questa sera? _____

4. Abiti vicino ai tuoi genitori? _____

5. Vieni con me questa sera?_____

6. Il regalo è per me?_____

7. Parli a noi? _____

COMPRENSIONE (CD 5, TRACK 16)

A. *You've bought many presents, and Linda wants to know for whom they're intended. Answer using the disjunctive pronoun. Then repeat the response after the speaker.*

ESEMPIO   La borsa è per tua madre?   **Sì, è per lei.**

1. _____   2. _____   3. _____   4. _____   5. _____

B. *Roberto doesn't understand to whom you're talking and asks you to be more specific. Answer each question using the appropriate disjunctive pronoun. Then repeat the response after the speaker.*

ESEMPIO   Parli a Giuseppe?   **Sì, parlo a lui.**

1. _____   2. _____   3. _____   4. _____

12.3 *Piacere*

PRATICA

A. *Form a sentence using the cues according to the example.*

ESEMPIO   (Mario/viaggiare)   **A Mario piace viaggiare.**
(i bambini/i dolci)   **Ai bambini piacciono i dolci.**

1. (Arturo/la montagna) _____

2. (mio padre/i soldi) _____

3. (il mio amico/la letteratura) _____

4. (il mio professore/Firenze) _____

5. (il mio gatto/i pesci) _____

6. (gli studenti/le vacanze) _____

B. *Tommaso and Filomena got married. Giuseppe asks them if they liked the presents they received.*

ESEMPIO   (la televisione)   **Ci è piaciuta.**

1. (i piatti) _____

2. (le lampade) _____

3. (la scrivania) _____

4. (il vaso cinese) _____

5. (le tazze) _____

6. (il libro di cucina) _____

COMPRENSIONE   (CD 5, TRACK 17)

A. *Your new friend Giovanni wants to know you better. Answer in the affirmative or in the negative according to the cue. Then repeat the response after the speaker.*

ESEMPIO   Ti piace nuotare? (sì)   **Sì, mi piace.**

1. _____   2. _____   3. _____   4. _____

B. *Lisa is going to buy a present for her boyfriend, who happens to be your best friend. She needs to know what he likes. Answer in the affirmative or in the negative, according to the cue. Then repeat the response after the speaker.*

ESEMPI   (un libro/sì)
Sì, gli piace.

(dei cioccolatini/no)
No, non gli piacciono.

1. _____   2. _____   3. _____   4. _____   5. _____

12.4 Il *si* impersonale

PRATICA

A. *Answer the following questions by using the impersonal* **si**.

1. Che si fa in piscina?

_____

2. In che ristorante della vostra città si mangia bene e si spende poco?

_____

3. Quali lingue si parlano in Svizzera?

_____

4. Che si va a fare in una palestra?

_____

5. Perché si va a uno stadio?

_____

B. *Your friend is telling you what he and his friends do when they are on vacation. Substitute the impersonal* **si** *for the* **noi** *form.*

ESEMPIO   Leggiamo ogni sera.   **Si legge ogni sera.**

1. Giochiamo al calcio. _____

2. Ascoltiamo la radio. _____

3. Facciamo passeggiate. _____

4. Andiamo in bicicletta. _____

5. Spendiamo poco. _____

6. Non studiamo. _____

COMPRENSIONE (CD 5, TRACK 18)

A. *A mother is repeating some general rules to her child, who hasn't been behaving properly in school. Restate each sentence, using the impersonal* **si**. *Then repeat the response after the speaker.*

ESEMPIO   Uno non fa così.   **Non si fa così.**

1. _____   2. _____   3. _____   4. _____

B. *Dino is asking his friend Marco about doing different activities together. Marco agrees to everything. Re-create Marco's answers using the impersonal* **si**. *Then repeat the response after the speaker.*

ESEMPIO   Andiamo alla riunione stasera?
Sì, si va alla riunione.

1. _____   2. _____   3. _____   4. _____

12.5 Plurali irregolari

PRATICA

Complete each sentence by supplying the plural of the word(s) in parentheses. Remember to use the definite article when necessary.

ESEMPIO   (programma)   Stasera guardo alla _____ TV.
Stasera guardo i programmi alla TV.

1. (cuoco)   _____ sono occupati in cucina.

2. (telegramma)   Hai mandato _____ agli amici?

3. (poeta)   Dante e Petrarca sono due grandi _____.

4. (ginocchio)   Mi fanno male _____.

5. (problema)   Purtroppo abbiamo molti _____.

6. (arancia)   _____ che hai comprato sono buone.

7. (albergo)   Quale di questi due _____ preferisci?

8. (farmacia)   Oggi _____ sono chiuse.

9. (zio, ottimista)   _____ di Marisa sono _____.

10. (medico, simpatico)   Ho conosciuto due _____ _____.

COMPRENSIONE (CD 5, TRACK 19)

A. *Give the plural of each phrase. Then repeat after the speaker.*

ESEMPIO   il programma televisivo   **i programmi televisivi**

1. _____   2. _____   3. _____   4. _____   5. _____   6. _____

B. *Give the singular of each phrase. Then repeat after the speaker.*

ESEMPIO   i bravi dentisti   **il bravo dentista**

1. _____ 2. _____ 3. _____ 4. _____ 5. _____ 6. _____

✐ Adesso scriviamo!

In vacanza

Un tuo nuovo compagno (una tua nuova compagna) ti scrive un e-mail e ti chiede cosa farai durante le vacanze estive. Scrivi un messaggio per rispondere al tuo compagno (alla tua compagna).

A. *Per organizzare le tue idee rispondi alle seguenti domande.*

1. Preferisci passare una vacanza a contatto con la natura o un viaggio turistico in alcune città

    europee? Perché? _____

2. Dove preferisci dormire? mangiare? _____

3. Ti piace conoscere gente nuova? _____

4. Quando sei in vacanza fai una vita attiva? Nuoti? Cammini? Pratichi qualche sport? Oppure

    preferisci riposarti? _____

B. *Ora organizza il tuo messaggio in tre paragrafi usando le tue risposte alle domande.*

_____

_____

_____

_____

_____

_____

_____

_____

Nome_____ Date_____ Classe_____

La casa

Punti di vista

 Il nuovo appartamento   (CD 6, TRACK 1)

Emanuela e Franco abitano a Napoli, dove Franco lavora come guida turistica. Da alcune settimane Emanuela cercava un appartamento. Ora ne ha trovato uno e lo dice al marito.

EMANUELA	Franco, ho trovato un appartamento bellissimo! È in via Nazionale, al terzo piano.
FRANCO	Quante stanze ci sono?
EMANUELA	Ce ne sono tre, con un bel bagno, e la cucina è abbastanza grande.
FRANCO	Quante finestre ci sono nella sala?
EMANUELA	Ce ne sono due. Tutto l'appartamento ha molta luce.
FRANCO	È ammobiliato o vuoto?
EMANUELA	È ammobiliato.
FRANCO	Magnifico! Ed è già libero?
EMANUELA	Sì, e il padrone di casa dice che dobbiamo firmare il contratto per almeno sei mesi.
FRANCO	Va bene, glielo firmeremo. Quant'è l'affitto?
EMANUELA	450 euro al mese, comprese le spese.
FRANCO	Possiamo portare il nostro gatto?
EMANUELA	Non gliel'ho domandato, ma penso di sì.
FRANCO	Allora potremo traslocare il primo del mese!

COMPRENSIONE (CD 6, TRACK 2)

Listen to each statement about the dialogue. Circle **È vero** *if the statement is true, and* **Non è vero** *if it is false.*

1. È vero.   Non è vero.   3. È vero.   Non è vero.

2. È vero.   Non è vero.   4. È vero.   Non è vero.

Studio di parole   La casa e i mobili

A. **In che stanza?** *Scrivi dove metti questi mobili ed elettrodomestici* (appliances) *in un appartamento in Italia?*

ESEMPIO   un letto   **Lo metto in camera.**

1. una libreria _____

2. sei sedie _____

3. un televisore _____

4. una lavatrice _____

5. un forno _____

6. un tappeto _____

7. un armadio _____

8. due poltrone _____

9. uno specchio _____

10. una lampada _____

B. **Il gioco degli anagrammi.** *Scopri le parole cambiando la posizione delle lettere.*

1. MONTEARAPPAT _____

2. ZALOZAP _____

3. STAECAT _____

4. TOTFAFI _____

5. ZAIOUNEC _____

6. CLOSAROT _____

7. LIQONINUI _____

8. RADENPO _____

9. COSRENESA _____

Punti grammaticali

13.1 *Ne*

PRATICA

A. *Lisa wants to know many things about Claudio. Answer each of her questions using* **ne** *and the cue in parentheses.*

ESEMPIO   Ha degli amici? (molti)   **Sì, ne ha molti.**

1. Ha una macchina? (una) _____

2. Ha dei parenti in Italia? (alcuni) _____

3. Ha dei cugini a Firenze? (due) _____

4. Ha degli esami oggi? (tre) _____

5. Ha dei soldi? (molti) _____

6. Ha dei problemi? (pochi) _____

B. *Your friend wants to know what you discussed at a political gathering. Answer each question in either the affirmative or the negative using* **ne**.

ESEMPIO   Avete parlato dei nostri problemi?
Sì, ne abbiamo parlato. *or* **No, non ne abbiamo parlato.**

1. Avete parlato dei candidati? (sì) _____

2. Avete parlato dei giornalisti? (no) _____

3. Avete parlato della situazione economica? (sì) _____

4. Avete parlato della campagna elettorale? (no) _____

C. *You sprained your ankle and had to stay in bed for a few days. Your friend Luciano wants to know if you did the following things.*

ESEMPIO   Quanti libri hai letto? (due)   **Ne ho letti due.**

1. Quante pizze hai mangiato? (quattro) _____

2. Quanti amici hai visto? (dieci) _____

3. Quante lettere hai scritto? (molte) _____

4. Quanti capitoli hai studiato? (uno) _____

5. Quanti progetti hai fatto? (tanti) _____

D. *Anna is going grocery shopping and wants to know how much or how many of the following food items she should buy. Answer using* **ne** *and the cue in parentheses.*

ESEMPIO   Quante bistecche devo comprare? (quattro)
        Devi comprarne quattro.

1. Quanta frutta devo comprare? (un chilo) _____

_____

2. Quanto vino devo comprare? (due bottiglie) _____

_____

3. Quante mele devo comprare? (otto) _____

_____

4. Quanto zucchero devo comprare? (mezzo chilo) _____

_____

COMPRENSIONE (CD 6, TRACK 3)

A. *Listen to the model sentence. Then form a new sentence, replacing the partitive and the noun with* **ne**. *Repeat the response after the speaker.*

ESEMPIO   Abbiamo degli amici.   **Ne abbiamo.**

1. _____   2. _____   3. _____   4. _____

B. *Your girlfriend wants to know if you need the following people or things in order to be happy. Answer in the affirmative or in the negative using* **ne.** *Then repeat the response after the speaker.*

ESEMPIO   Hai bisogno di un palazzo? (sì)
        Sì, ne ho bisogno.

1. _____   2. _____   3. _____   4. _____

C. *Riccardo is considering moving into the apartment you're already sharing with a friend. Answer his questions using* **ne.** *Then repeat the response after the speaker.*

ESEMPIO   Quante stanze avete? (quattro)
Ne abbiamo quattro.

1. _____   2. _____   3. _____   4. _____

13.2 *Ci*

PRATICA

A. Answer each question using **ci** and the cue in parentheses.

ESEMPIO   Quando sei andato(a) a San Francisco? (ieri)
Ci sono andato(a) ieri.

1. Quando siete stati a Firenze? (un anno fa)

_____

2. Quando è andato a Nuova York, Franco? (a settembre)

_____

3. Quando sei andato(a) dal dentista? (tre mesi fa)

_____

4. Quando siete arrivati a Boston? (giovedì)

_____

B. *You're inquiring about a furnished apartment for rent and want to know if the following things are in the apartment. Re-create the landlord's answers, using the affirmative or the negative according to the cue.*

ESEMPIO   Ci sono delle sedie? (sì, quattro) / (no)
Sì, ce ne sono quattro. *or* **No, non ce ne sono.**

1. Ci sono dei tavoli? (no) _____

2. Ci sono delle poltrone? (sì, due) _____

3. Ci sono dei divani? (sì, uno) _____

4. Ci sono degli armadi? (no) _____

5. Ci sono dei letti? (sì, tre) _____

COMPRENSIONE (CD 6, TRACK 4)

A. *Answer each question using* **ci** *and the cue. Then repeat the response after the speaker.*

ESEMPIO   Quando sei andato a Roma? (l'anno scorso)
Ci sono andato l'anno scorso.

1. _____   2. _____   3. _____   4. _____

B. *You and a friend are talking about the world's problems. Respond to each question, using* **ci** *and the cue. Then repeat the response after the speaker.*

ESEMPIO   Pensi all'inflazione? (spesso)
Ci penso spesso.

1. _____   2. _____   3. _____   4. _____

C. *Marco is inquiring about an apartment. Answer his questions using* **ci** *and* **ne** *and the cue. Then repeat the response after the speaker.*

ESEMPIO   Quante stanze ci sono? (tre)   **Ce ne sono tre.**

1. _____   2. _____   3. _____   4. _____

13.3 I pronomi doppi

PRATICA

A. **Quando eri piccolo(a).** *When you were a child, did your mother or father do the following things for you? Answer using a double object pronoun.*

ESEMPIO   Ti comprava i giocattoli?   **Sì, me li comprava.**

1. Ti raccontava le favole? _____

2. Ti leggeva i libri?_____

3. Ti portava a casa i cioccolatini? _____

4. Ti faceva il compito qualche volta? _____

5. Ti spiegava la lezione quando era difficile?_____

B. *Mr. Bianchi is renting his house. The tenant wants other features added to the rental and Mr. Bianchi agrees to almost everything.*

ESEMPIO   Signor Bianchi, mi affitta la casa?
Sì, gliela affitto.

1. Mi vende i mobili? (sì) _____

2. Mi lascia il telefono? (sì) _____

3. Mi regala la vecchia lavastoviglie? (sì)_____

4. Mi firma il contratto? (sì) _____

5. Mi presta la macchina? (no) _____

C. *Someone is going to rent your father's beach house, and your father wants to know if you've done the following things for the new tenant.*

   ESEMPIO   Gli hai mostrato la casa?   **Sì, gliel'ho mostrata.**

   1. Gli hai dato il mio numero di telefono? _____

   2. Gli hai mostrato i mobili? _____

   3. Gli hai dato la chiave? _____

   4. Gli hai presentato i vicini? _____

   5. Gli hai lasciato il contratto? _____

D. *You're going to visit Arturo at his mountain cabin. He forgot a few things and asks you to bring them.*

   ESEMPIO   Puoi portarmi i miei sci? (sì)   **Sì, posso portarteli.**

   1. Puoi portarmi il mio maglione di lana? (sì)_____

   2. Puoi portarmi il mio gatto? (no)_____

   3. Puoi portarmi i miei scarponi (*hiking boots*)? (sì) _____

   4. Puoi portarmi il mio sacco a pelo (*sleeping bag*)? (no) _____

   5. Puoi portarmi le candele? (sì)_____

E. **Cosa ti metti?** *What do you wear on cold, rainy days?*

   ESEMPIO   Ti metti il cappotto?   **Sì, me lo metto.**

   1. Ti metti gli stivali? _____

   2. Ti metti la giacca?_____

   3. Ti metti l'impermeabile? _____

COMPRENSIONE (CD 6, TRACK 5)

A. *Franca is asking if you'll give her the following things. Answer in the affirmative, using double object pronouns. Then repeat the response after the speaker.*

   ESEMPIO   Mi dai il libro?   **Sì, te lo do.**

   1. _____   2. _____   3. _____   4. _____

B. *Fabio's father is a millionaire. Stefano is asking you what Fabio's father is buying for his son. Answer using the appropriate double object pronoun. Then repeat the response after the speaker.*

   ESEMPIO   Gli compra la macchina?   **Sì, gliela compra.**

   1. _____   2. _____   3. _____   4. _____

C. *Luisa and Marta are visiting their cousins and are asking many questions. Answer using the appropriate double object pronouns. Then repeat the response after the speaker.*

ESEMPIO   Ci mostrate l'appartamento?   **Sì, ve lo mostriamo.**

1. _____   2. _____   3. _____   4. _____

D. *Answer each question in the affirmative, using double object pronouns. Then repeat the response after the speaker.*

ESEMPIO   Puoi darmi il libro d'italiano?   **Sì, posso dartelo.**

1. _____   2. _____   3. _____   4. _____

13.4   I numeri ordinali

PRATICA

A. *Write complete sentences using the ordinal number in parentheses.*

ESEMPIO   (4ª pagina / libro)   **È la quarta pagina del libro.**

1. (1ª parte [f.] / romanzo [novel])

_____

2. (3ª riga / pagina)

_____

3. (5º ragazzo / fila [row])

_____

4. (9ª domanda / esercizio)

_____

5. (10º giorno / mese)

_____

6. (15º anno / nostra collaborazione)

_____

7. (20º anniversario / loro matrimonio)

_____

8. (100ª parte / dollaro)

_____

9. (2ª settimana / gennaio)

_____

10. (7° piano [*floor*] / edificio)

_____

B. *Here's a list of things you're going to do today. Indicate their order of priority by placing an ordinal number in front of each activity.*

ESEMPIO   **primo:** alzarmi

_____ :   telefonare agli amici

_____ :   andare alla banca

_____ :   andare all'università

_____ :   studiare italiano

_____ :   vestirmi

_____ :   bere un succo di frutta

_____ :   fare colazione

_____ :   lavarmi

_____ :   leggere il giornale

_____ :   guardare la televisione

COMPRENSIONE   (CD 6, TRACK 6)

A. *Repeat each phrase after the speaker.*

_____   _____   _____   _____   _____

_____   _____   _____   _____   _____

B. *Give the ordinal number that corresponds to the cardinal number. Then repeat the response after the speaker.*

ESEMPIO   undici   **undicesimo**

_____   _____   _____   _____   _____   _____   _____

C. *Repeat the following names and centuries after the speaker.*

1. Papa Giovanni XXIII. Vittorio Emanuele III. Luigi XVI
2. Il secolo XIII. Il secolo XVIII. Il secolo XX

✏ Adesso scriviamo!

Descrizione

Cerchi un compagno di stanza. Scrivi una descrizione della tua stanza o del tuo appartamento per pubblicizzarlo.

A. *Completa la seguente tabella per mettere in ordine le idee.*

Piano: _____

Stanze: _____

Bagni: _____

Garage: _____

Mobili: _____

Lavatrice: _____

Lavastoviglie: _____

Animali: _____

B. *Ora usa le informazioni della tabella per scrivere la tua descrizione. Comincia così:*

Il mio appartamento è al secondo piano. Ci sono tre stanze.

_____

_____

_____

_____

_____

_____

Il mondo del lavoro

Punti di vista

Una scelta difficile (CD 6, TRACK 7)

Laura e Franco frequentano l'ultimo anno di liceo e parlano del loro futuro.

FRANCO Non so a quale facoltà iscrivermi. Tu cosa mi consigli, Laura?

LAURA Cosa ti piacerebbe fare nella vita?

FRANCO Mi piacerebbe insegnare matematica.

LAURA Devi considerare che ci sono vantaggi e svantaggi nell'insegnamento, come nelle altre professioni. I vantaggi? Faresti un lavoro che ti piace e d'estate avresti tre mesi di vacanza. Potresti viaggiare, riposarti o dedicarti ad altre attività.

FRANCO E gli svantaggi quali sono?

LAURA Lo sai anche tu che non è facile trovare lavoro nell'insegnamento. E sai anche che lo stipendio degli insegnanti è basso.

FRANCO Hai ragione. E tu hai deciso a quale facoltà iscriverti?

LAURA Sì, farò il veterinario.

FRANCO Davvero? Ti piacciono così tanto gli animali?

LAURA Oh, sì, moltissimo! A casa mia ho un piccolo zoo: due cani, quattro gatti, un coniglio e due porcellini d'India.

COMPRENSIONE (CD 6, TRACK 8)

Listen to each statement about the dialogue. Circle **È vero** *if the statement is true, and* **Non è vero** *if it is false.*

1. È vero. (Non è vero.)   3. È vero. (Non è vero.)

2. (È vero.) Non è vero.   4. (È vero.) Non è vero.

Studio di parole   Mestieri e professioni

A. **Gioco di abbinamento.** *Abbina le definizioni della lista B con i mestieri e le professioni della lista A.*

A

1. ___g___ l'idraulico

2. ___c___ il medico

3. ___j___ il costruttore

4. ___h___ l'oculista

5. ___d___ l'infermiere

6. ___i___ l'architetto

7. ___e___ l'avvocato

8. ___f___ l'elettricista

9. ___a___ il commercialista

10. ___b___ lo psicologo

B

a. Tiene in ordine i documenti contabili di aziende.

b. Aiuta le persone a capire il loro comportamento.

c. Cura i malati.

d. Assiste il medico.

e. Difende una persona in tribunale.

f. Ripara i fili della luce (electrical wire).

g. Ripara i tubi dell'acqua.

h. Cura gli occhi delle persone.

i. Prepara i progetti di case e palazzi.

j. Costruisce case e palazzi.

B. **Cosa manca** (*is missing*)? *Leggi la storia di Antonio e scrivi le parole che mancano scegliendo dalla lista.*

colloquio, requisiti, lavoro, assumere, guadagnare, licenziarsi, stipendio, aumento, disoccupato.

Antonio vuole trovare un nuovo ___lavoro___. Vorrebbe prendere uno ___stipendio___ più alto perché ha bisogno di ___guadagnare___ più soldi per comprarsi una macchina nuova. Il padrone non vuole dargli un ___aumento___, così Antonio ha deciso di ___licenziarsi___.

Oggi ha un _Colloquio_ con una nuova azienda che lo vuole _assumere_ come impiegato. Uno dei _requisti_ è saper parlare l'inglese e Antonio è molto contento perché lui lo parla molto bene. Questa nuova azienda pensa di _assumere_ Antonio e lui non sarà _disoccupato_ per molto tempo.

Punti grammaticali

14.1 Il condizionale presente

PRATICA

A. *Complete each sentence in the conditional.*

ESEMPIO (mangiare) Noi **mangeremmo** un panino.

1. (uscire) Io _uscirei_ ma non posso.

2. (scrivere) Noi _scriveremmo_ ma non abbiamo l'indirizzo.

3. (piacere) Vi _piacereste_ lavorare in una banca?

4. (andare) Noi _andremmno_ al cinema, ma non ci sono film interessanti.

5. (stare) Tu _staresti_ a casa volentieri, perché piove.

6. (fare) Io _farei_ l'ingegnere, ma non mi piace la matematica.

7. (vivere) I miei genitori _vivrebbero_ volentieri in campagna.

8. (venire) Tu _verresti_ con me questa sera?

9. (essere) Io _sarei_ contento di andare alle Hawaii.

10. (avere) Tu _avresti_ il tempo di telefonarmi?

B. *Use the cue to state what the following people would do in each circumstance.*

ESEMPIO Luigi e Pino hanno fame. (mangiare una pizza)
Luigi e Pino mangerebbero una pizza.

1. Teresa è in ritardo. (scusarsi)

   Teresa è scusarebbe in ritardo

2. Il mio padrone di casa aumenta (*increases*) l'affitto. (io, protestare)

   Io protesterei l'aumenta dall'affitto

3. Noi troviamo un portafoglio. (portarlo alla polizia)

   lo porteremmo alla polizia

4. Tu hai sonno. (andare a dormire)

   andresti a dormire

5. Stefano è milionario. (fare il giro del mondo)

   Stefano fareste il giro del mondo

6. Noi diamo una festa. (invitare tutti gli amici)

   inviteremmo tutti gli amici

7. Dobbiamo partire alle sei di mattina. (alzarci presto)

   ci alzaremmo presto

8. Luigi ha preso un brutto voto. (studiare di più)

   Luigi studiarebbe di più

COMPRENSIONE (CD 6, TRACK 9)

A. *Listen to the model sentence. Then form a new sentence by substituting the subject given. Repeat the response after the speaker.*

   ESEMPIO   Io prenderei un caffè. (tu)   **Tu prenderesti un caffè.**

   1. *prenderebbe* 2. *prenderemmo* 3. *prendereste* 4. *prenderebbero* 5. *prenderesti*

B. *Where would the following people go? Form new sentences using the cues. Then repeat the response after the speaker.*

   ESEMPIO   (Carlo / al mare)   **Carlo andrebbe al mare.**

   1. *andrebbe* 2. *andrebbero* 3. *andreste* 4. *andrebbero*

C. *You like your friend Tommaso, but he is far from being perfect. Would you tell him what his flaws are to improve your relationship? Form sentences using the cue and following the example. Then repeat the response after the speaker.*

   ESEMPIO   È curioso. (no)   **Non glielo direi.**

   1. *direi*   2. *glielo direi* 3. *glielo direi* 4. *non glielo direi*

14.2 Il condizionale passato

PRATICA

You know your friends quite well. Indicate what each person would have done in the following circumstances.

ESEMPIO   La macchina non funzionava. (Franco / comprare un macchina nuova)
Franco avrebbe comprato una macchina nuova.

1. La banca era ancora chiusa. (Teresa / aspettare)

   Teresa aspettarebbe

2. Giovanni era ammalato. (i suoi compagni / chiamare il dottore)

   I suoi compagni chiamarebbero il dottore

3. I giornali annunciavano lo sciopero dei treni. (voi / non partire)

   Voi non partireste

4. Lisa dava una festa. (le compagne / venire)

   Le compagne verresterrebero

5. Mio padre arrivava da Roma. (io / andare alla stazione)

   io andrei alla stazione

COMPRENSIONE   (CD 6, TRACK 10)

A. *Last summer you and your family were walking down a street in Rome when you saw that a boutique was having a sale. Say what you would have bought if you had had the money. Then repeat the response after the speaker.*

   ESEMPIO   (io / una camicetta)   **Io avrei comprato una camicetta.**

   1. avrebbe 2. avremmo 3. avrebbe 4. avrebbero 5. avreste

B. *Listen to the model sentence. Then form a new sentence using the subject given. Repeat each response after the speaker.*

   ESEMPIO   Io sarei venuto. (Roberta)   **Roberta sarebbe venuta.**

   1. Sarebbero 2. Saresti 3. Sarebbe 4. sareste 5. saremmo

C. *Listen to the model sentence. Create new sentences using the subject given. Then repeat the response after the speaker.*

   ESEMPIO   Io non mi sarei divertito. (Anna)
   Anna non si sarebbe divertita.

   1. ti saresti 2. vi sareste 3. ci saremmo 4. vi sareste 5. si sarebbero

   si sarebbero

14.3 Uso di *dovere*, *potere*, e *volere* nel condizionale

PRATICA

A. **Cosa dovrebbero fare?** *What should these people do to solve their problems?*

ESEMPIO   Teresa ha preso F in italiano. (studiare di più)
Dovrebbe studiare di più.

1. Carlo e Gino sono sempre senza soldi. (spendere meno)

   Spenderebbero meno

2. Io arrivo in classe in ritardo. (alzarsi presto)

   mi alzarei presto

3. Tu e io mangiamo troppo. (mangiare meno)

   mangiaremmo meno

4. Le due amiche non si parlano. (parlarsi)

   si parlarebbero

B. **Cosa potrebbero fare?** *Given these situations, what could the following people do?*

ESEMPIO   Io ho una piscina. (nuotare)   **Potrei nuotare.**

1. A me piace la matematica. (iscriversi a ingegneria)

   mi iscriverei a ingegneria

2. A Liliana interessa legge. (fare l'avvocatessa)

   farebbe l'avvocatessa

3. Noi abbiamo esperienza con i computer. (specializzarsi in informatica)

   ci specializaremmo in informatica

4. Alcuni lavoratori sono molto bravi. (ricevere una promozione)

   riceverebbero una promozione

C. **Cosa vorrebbero fare?** *If these people could have one wish granted, what would they want?*

ESEMPIO   il professore d'italiano (andare in pensione)
Il professore d'italiano vorrebbe andare in pensione.

1. gli studenti (imparare senza studiare)

   gli studenti vorebbero imparare senza studiare

2. io (diventare milionario[a])

   vorrei diventare milionaria

3. tu e io (fare un viaggio in Oriente)

vorremmo faire un viaggio in Oriente

4. tu (avere una villa in Riviera)

tu vorresti avere una villa in Riviera

D. **Che cosa avrebbero dovuto fare?** *Indicate what the following people should have done to avoid their mistakes.*

   ESEMPIO   Carlo ha avuto un incidente. (guidare con prudenza)
   Avrebbe dovuto guidare con prudenza.

1. Ho perduto il portafoglio. (fare attenzione)

   avrei dovuto faire attenzione

2. Io e Gianna abbiamo litigato. (essere più tolleranti)

   avremmo dovute essere più tolleranti

3. I miei amici hanno perduto il treno. (arrivare prima alla stazione)

   avrebbero dovuto arrivare prima alla stazione

4. Sono arrivato a scuola in ritardo. (alzarsi prima)

   avrei dovuto alzarsi prima

COMPRENSIONE   (CD 6, TRACK 11)

A. *Make each statement less forceful by changing the verb from the present to the conditional. Then repeat the response after the speaker.*

   1. **ESEMPIO**   Io devo studiare di più.
      Io dovrei studiare di più.

   1. *dovrei*   2. *dovresti*

   2. **ESEMPIO**   Puoi farmi un favore?
      Potresti farmi un favore?

   1. *potrebbero* 2. _____

   3. **ESEMPIO**   Voglio andare in vacanza.
      Vorrei andare in vacanza.

   1. _____   2. *vorrebbe*

B. *Listen to the model sentence. Then form a new sentence by substituting the subject given. Repeat each response after the speaker.*

   ESEMPIO   Avrei dovuto studiare di più. (Giulia)
   Giulia avrebbe dovuto studiare di più.

   1. *avremmo dovuto* 2. *avrebbe dovuto* 3. *avresti dovuto* 4. *avrebbero dovuto* 5. *avreste dovuto*

14.4 Verbi e espressioni verbali + infinito

PRATICA

A. *Complete each sentence with the appropriate preposition (**a, di, per**) when necessary.*

1. Che cosa sai _____ di _____ fare?

2. Siamo andati _____ a _____ cenare in una pizzeria.

3. Penso _____ di _____ svegliarmi presto.

4. In autunno non finisce mai _____ a _____ piovere.

5. Pierino continua _____ a _____ giocare e non vuole _____ di _____ rientrare in casa.

6. Ho finito _____ per _____ lavorare e ora posso _____ di _____ riposare.

7. Sta _____ a _____ nevicare.

8. Ho dimenticato _____ a _____ prendere l'ombrello.

9. Spero _____ per _____ andare _____ a _____ studiare in Italia.

10. Studiamo _____ per a _____ imparare.

11. Siete stanchi _____ di _____ aspettare?

12. Finalmente sono riusciti _____ di _____ laurearsi.

13. Non è sempre possibile _____ a _____ finire gli studi in quattro anni.

14. Avremmo bisogno _____ di _____ riposarci un po'.

15. Mi dispiace _____ per _____ non potere _____ a _____ aiutarti oggi.

16. Ti prometto _____ di _____ farlo domani.

17. Non ho avuto tempo _____ di _____ fermarmi dal salumiere.

18. Erano contenti _____ di _____ laurearsi, ma avevano paura _____ per _____ non trovare lavoro.

B. *Answer each question in a complete sentence.*

1. A che ora è andato(a) a dormire ieri sera?

   Sono andata a dormire alle undici ieri sera

2. Che cosa ha dimenticato di fare il fine-settimana scorso?

   ho dimenticato di fare i compiti

3. Quando spera di finire i Suoi studi?

Sperei di finire i miei studi l'anno prossimo

4. Che cosa detesta fare?

detesta di fare i compiti

5. A che ora ha finito di cenare ieri sera?

ho finito di cenare all'otto ieri sera

6. Perché continua a studiare?

Continuerei a studiare perché voglio un buon lavoro

C. *Complete each sentence with the correct preposition, if necessary.*

1. Ho voglia ___*di*___ prendere un caffè.

2. Siamo contenti ___*di*___ partire.

3. Incomincio ___*di*___ essere stanca studiare.

4. Perché continui ___*di*___ farmi le stesse domande?

5. Hanno promesso ___*a*___ aiutarti?

6. È difficile ___*di*___ studiare la sera.

7. Pensi ___*a*___ andare al cinema?

8. Puoi fermarti ___*di*___ comprare il giornale?

9. Preferisci ___*di*___ uscire o stare a casa?

10. Spero ___*a*___ ricevere una lettera da mio padre.

11. Mi ha insegnato ___*a*___ suonare il piano.

12. Mi piacerebbe ___*di*___ fare un viaggio in Italia.

COMPRENSIONE   (CD 6, TRACK 12)

A. *Listen to the model sentence. Then form a new sentence, substituting the verb form provided. Repeat each response after the speaker.*

ESEMPIO   Luisa sa vestirsi elegantemente. (deve)
         Luisa deve vestirsi elegantemente.

1. *Vuole* 2. *desidera* 3. *preferisce* 4. *detesta* 5. *ama*

B. *Listen to the model sentence. Then form a new sentence, substituting the verb form provided. Repeat each response after the speaker.*

ESEMPIO Incomincio a studiare oggi pomeriggio. (spero)
Spero di studiare oggi pomeriggio.

1. *penso di* 2. *continuo a* 3. *ho intenzione di* 4. *vado a* 5. *prometo di* 6. *vengo a*

✏ Adesso scriviamo!

Una domanda di lavoro

Leggi il seguente annuncio di lavoro. Scrivi una lettera alla compagnia in risposta all'annuncio.

«Cercasi ambosessi per lavoro stimolante e interessante. Si richiede massima serietà, disponibiltà a viaggiare e conoscenza della lingua inglese parlata e scritta. Ottimo stipendio e possibilità di carriera. FAX 048 / 556372 TEL.048 / 556373.»

A. *Rispondi alle seguenti domande per mettere in ordine le tue idee.*

1. Perché ti interessa questo lavoro?_____

2. Quali sono i requisiti? *Conosce parlare e scrivere l'inglese*

3. Quali sono i vantaggi? *Ottimo stipendio e possibilità di carriera*

4. Perché sei la persona giusta per questo lavoro? *perché sono responsibile e parlo e scrivo l'inglese*

B. *Ora organizza le tue risposte in tre paragrafi per la tua lettera.*
Comincia così: Sono molto interessato(a) a questo posto di lavoro perché...

Sono molto interessata a questo posto di lavoro perché sono responsibibela, ho espenzia, e parlo e scrivo l'inglese b molto bene.

Parlo bene tre lingue e mi piace viaggiare. Mi piace fare lavoro interesante e anche piacerei imparare cose nuove.

Sono molto interessata e sono sarei una buona persona per il lavoro.

Paesi e paesaggi

Punti di vista

 Una gita scolastica (CD 6, TRACK 13)

Alcuni professori del liceo «M» dell'Aquila hanno organizzato una gita scolastica a Roccaraso. Così Tina e i compagni vanno in montagna a passare la settimana bianca. Ora i ragazzi sono in pullman, eccitati e felici.

TINA Mi piace viaggiare in pullman, e a te?

STEFANO Mi piace di più viaggiare in treno.

RICCARDO Sapete cosa mi piacerebbe fare? Un viaggio in aereo. Siete mai andati in aereo voi?

LISA Sì, io ci sono andata l'anno scorso, ma è un viaggio meno interessante di quel che tu pensi.

STEFANO Sono d'accordo con te. Un viaggio in treno è molto più piacevole: Dal treno puoi vedere pianure, colline, laghi, fiumi, mentre dall'aereo non vedi niente.

TINA E poi io non prenderei mai l'aereo, perché soffro di claustrofobia e avrei una paura da morire.

RICCARDO Ma va! Tu hai paura di tutto! Come mai non hai paura di sciare?

TINA Perché sciare mi piace moltissimo. E poi mio padre mi ha comprato un paio di sci per Natale.

LISA A proposito, ho bisogno di comprare alcune cose appena arriviamo al paese.

TINA Di cosa hai bisogno?

LISA Ho dimenticato a casa il sacchetto del trucco.

TINA Ma per tre giorni non puoi farne a meno?

LISA Sì, posso fare a meno di truccarmi, ma il fatto è che nel sacchetto c'erano lo spazzolino da denti e il dentifricio.

TINA Allora appena arriveremo al paese, cercheremo una farmacia.

COMPRENSIONE   (CD 6, TRACK 14)

Listen to each statement about the dialogue. Circle **È vero** *if the statement is true, and* **Non è vero** *if it is false.*

1. È vero. Non è vero.   3. È vero. Non è vero.

2. È vero. Non è vero.   4. È vero. Non è vero.

Studio di parole   Termini geografici

A. **Geografia.** *Per riferimento guardate le due carte geografiche d'Italia all'inizio del libro.*

1. La Sicilia è un'isola o una penisola? _____

2. Quale mare bagna Venezia? _____

3. Come si chiama il lago più grande d'Italia? _____

4. Che cos'è l'Etna? In quale regione si trova? _____

5. Con quali altre regioni confina l'Umbria? _____

6. Qual è il fiume più lungo d'Italia? Quale pianura attraversa? _____

B. **Quale verbo?** *Completate le seguenti frasi scegliendo tra i verbi della lista. Fate tutti i cambiamenti necessari.*

tramontare/illuminare/attraversare/confinare/circondare

1. Di notte la luna _____ il cielo.

2. Il fiume Tevere _____ la città di Roma.

3. Il mare Mediterraneo _____ l'Italia.

4. A nord la Lombardia _____ con la Svizzera.

5. Il sole _____ presto d'inverno.

Punti grammaticali

15.1 I comparativi

PRATICA

A. *Compare the following people, places, and things, using* **tanto... quanto, così... come, più... di,** *or* **meno... di** *and the appropriate form of the adjective in parentheses.*

1. il fiume Hudson / il fiume Mississippi (lungo)

   _____

2. i treni / le macchine (veloce)

   _____

3. il clima di Chicago / il clima di Nuova York (attraente)

   _____

4. l'Italia / la Svizzera *(Switzerland)* (popolato)

   _____

5. le donne brune / le donne bionde (interessante)

   _____

6. un dottore / un professore (ricco)

   _____

7. i gatti / i cani (fedele *[faithful]*)

   _____

B. *Restate each sentence, using a comparative and the element in parentheses.*

   ESEMPIO   Il professore parla rapidamente. (io)
   Il professore parla più rapidamente di me.

1. I nonni camminano lentamente. (i nipoti)

   _____

2. Gli Americani votano spesso. (gli Italiani)

   _____

3. Le indossatrici *(models)* si vestono elegantemente. (le studentesse)

_____

4. Dicono che gli Italiani guidano *(drive)* pericolosamente. (gli Americani)

_____

C. *Answer each question according to the example.*

    ESEMPIO   È ottimista o pessimista Lei?
                       Sono più ottimista che pessimista. *or*
                       Sono più pessimista che ottimista.

1. È bello(a) o simpatico(a)?

_____

2. È romantico(a) o pratico(a)?

_____

3. È ricco(a) di soldi o di sogni *(dreams)*?

_____

4. Le piacerebbe vivere in Italia o in Svizzera?

_____

5. Le piacerebbe visitare la Spagna o il Portogallo?

_____

COMPRENSIONE   (CD 6, TRACK 15)

A. *Listen to the model sentence. Then form a new sentence by substituting the cue and making all necessary changes. Repeat each response after the speaker.*

  1. **ESEMPIO**   Tu sei più elegante di me. (lui, generoso)
                      Lui è più generoso di me.

1. _____   2. _____   3. _____

  2. **ESEMPIO**   Papà ascolta meno pazientemente della mamma. (voi)
                      Voi ascoltate meno pazientemente della mamma.

1. _____   2. _____   3. _____   4. _____

B. *Form a sentence using the cue and following the example. Then repeat the response after the speaker.*

    ESEMPIO   Firenze, artistica / industriale
                      Firenze è più artistica che industriale.

1. _____   2. _____   3. _____   4. _____   5. _____   6. _____

15.2 I superlativi

PRATICA

A. *Answer each question using the cue and following the example.*

ESEMPIO   È un campanile molto alto? (città)
   È il campanile più alto della città.

1. È una ragazza seria? (gruppo)

   _____

2. È una macchina economica? (Stati Uniti)

   _____

3. È un ristorante caro? (città)

   _____

4. Sono dei bambini tranquilli? (scuola)

   _____

5. È un lavoro faticoso? (giornata)

   _____

6. È un giorno felice questo? (mia vita)

   _____

7. Sono dei bei ricordi *(memories)*? (liceo)

   _____

8. È lungo il fiume Po? (fiumi italiani)

   _____

B. *Complete each sentence according to the example.*

ESEMPIO   È una scelta difficile; anzi *(indeed)*, **difficilissima.**

1. Ho conosciuto un ragazzo simpatico; anzi,_____.

2. Mi piace il tè dolce; anzi, _____.

3. Lui fa un mestiere semplice; anzi, _____.

4. Lei si è alzata presto; anzi, _____.

5. Vengono a trovarci spesso; anzi,_____.

6. Mi hanno detto che è ricco; anzi, _____.

7. È una donna giovane; anzi, _____.

8. La nostra penisola è bella; anzi, _____.

9. Le eruzioni (eruptions) dell'Etna sono pericolose; anzi, _____.

COMPRENSIONE   (CD 6, TRACK 16)

A. *Listen to the model sentence. Then form a new sentence by substituting the adjective or noun given, as indicated in the example. Make all necessary changes. Repeat the response after the speaker.*

1. **ESEMPIO**   Era la ragazza più simpatica della classe. (brava)
               Era la ragazza più brava della classe.

1. _____   2. _____   3. _____   4. _____

2. **ESEMPIO**   L'isola è bellissima. (il paese, popolato)
               Il paese è popolatissimo.

1. _____   2. _____   3. _____   4. _____   5. _____

B. *Gina's parents are always asking her questions about her girlfriends. Re-create each question, using the adjective given. Then repeat the response after the speaker.*

   ESEMPIO   giovane   **Chi è la più giovane del gruppo?**

1. _____   2. _____   3. _____   4. _____   5. _____

15.3   Comparativi e superlativi irregolari

PRATICA

A. *Complete each sentence by using* **migliore, peggiore, maggiore,** *or* **minore.**

1. È Natale, ma Dino Ricci è disoccupato; per lui è il _____ periodo dell'anno.

2. Marino ha ventitré anni e Marta ne ha diciotto: Marta è _____ di Marino di cinque anni.

3. Tutti considerano Dante il _____ scrittore italiano.

4. Liliana è una studentessa che ha ricevuto tutti A, cioè i voti _____.

5. Ho tante preoccupazioni, ma questa non è certamente la più grave; è anzi la

    _____.

6. Sono il più giovane della famiglia; ho tre sorelle _____, tutte sposate.

7. Tutti conoscono la gelateria «Priori»: è la _____ della città.

8. Quali sono i posti _____ per fare il campeggio?

B. *Complete each sentence with* **meglio, peggio, di più,** *or* **di meno.**

1. Dopo alcune ore di riposo dovrei stare _____ e invece sto

    _____ di prima.

2. Lo vediamo tutti i giorni in piscina: è inutile domandargli quale sport gli piace

    _____.

3. Il pover'uomo vorrebbe lavorare _____, ma deve invece guadagnare

    _____, perché ha tre figli all'università.

4. Se studiate _____, sono sicuro che imparerete qualcosa.

5. Siete d'accordo con il proverbio che dice: «È _____ vivere un giorno
    da leone che cent'anni da pecora *(sheep)*»?

C. *Write the response to each statement, using the absolute superlative of the underlined adjective.*

   ESEMPIO   Mi sembra una <u>buona</u> occasione.
   Hai ragione! È un'ottima occasione!

1. Non vorrei vivere nella pianura Padana: il clima è <u>cattivo</u>.

    _____

2. Devo dire che Luisa è una <u>brava</u> ragazza.

    _____

3. Quel ragazzo mostra la <u>più grande</u> indifferenza per tutto.

    _____

4. Si mangia <u>bene</u> in questa trattoria!

    _____

5. Questi spaghetti sono veramente <u>buoni</u>.

    _____

6. Si guadagna <u>poco</u> nella professione dell'insegnamento.

    _____

COMPRENSIONE   (CD 6, TRACK 17)

A. *Imagine that you're new in town and are asking about the best places. Use the cue and follow the example to make each statement. Then repeat the response after the speaker.*

   ESEMPIO   ristorante   **Qual è il migliore ristorante della città?**

   1. _____   2. _____   3 _____   4. _____   5. _____

B. *Tiziana is depressed and is developing an inferiority complex, which becomes evident in her conversation with friends. Use the cue and follow the example to re-create each statement. Then repeat the response after the speaker.*

ESEMPIO   macchina   **La mia macchina è peggiore della tua.**

1. _____   2. _____   3. _____   4. _____

15.4 Uso dell'articolo determinativo

PRATICA

Complete each sentence using the definite article (with or without preposition).

1. Ti piacciono _____ film con Jack Nicholson?

2. È vero che _____ salute e _____ buon senso sono le cose più importanti del mondo?

3. _____ violenza sembra essere uno dei temi preferiti _____ televisione americana.

4. Sei in favore _____ servizio militare per _____ donne?

5. Quand'è il tuo compleanno? —È _____ 26 aprile.

6. Jane è nata _____ 1945, Kansas.

7. Andremo tutti a Roma _____ quindici di questo mese.

8. _____ primavera è la stagione più bella dell'anno.

9. I bambini si sono lavati _____ faccia.

10. Ti piacciono _____ bambini? —Sì, moltissimo.

11. La ragazza aveva _____ occhi blu e _____ capelli biondi.

12. Madrid è la capitale _____ Spagna.

13. Tim viene _____ Stati Uniti, e precisamente, _____ California.

14. In autunno visiteremo _____ Massachusetts e _____ Vermont.

15. _____ Giappone è un paese molto industriale.

COMPRENSIONE   (CD 6, TRACK 18)

A. *Form a sentence using the cue and following the example. Then repeat the response after the speaker.*

ESEMPIO   (vita / difficile)   **La vita è difficile.**

1. _____   2. _____   3. _____   4. _____   5. _____   6. _____

B. *Ask your friend about his preferences. Start each question with* **preferisci** *and complete it by using the cues. Then repeat the response after the speaker.*

ESEMPIO   (tè / caffè)   **Preferisci il tè o il caffè?**

1. _____   2. _____   3. _____   4. _____   5. _____   6. _____

C. *Pierino is taking a geography test. Use the cue and follow the examples to re-create each answer. Then repeat the response after the speaker.*

ESEMPIO   (Francia / Europa occidentale) **La Francia è nell'Europa occidentale.**

1. _____   2. _____   3. _____   4. _____   5. _____   6. _____   7. _____

Adesso scriviamo!

Scrivi una descrizione del tuo stato per il compito di geografia.

A. *Rispondi alle seguenti domande per organizzare i tuoi pensieri.*

1. Come si chiama il tuo stato?_____

2. Con quali altri stati o regioni confina?_____

3. Ha una catena di montagne? Come si chiama? _____

4. Quali sono i fiumi e i laghi più importanti? _____

5. Quali sono le città più importanti? _____

6. Ci sono vulcani?_____

7. Ci sono porti? _____

8. Quante ore o giorni ci vogliono per attraversare il tuo stato? _____

9. È visitato da turisti? Perché? _____

10. Che cosa ti piace in modo particolare del tuo stato?_____

B. *Ora scrivi tre paragrafi per la tua descrizione basandoti sulle tue risposte.*

_____

_____

_____

_____

_____

_____

_____

_____

_____

_____

Nome_____ Date_____ Classe_____

Gli sport

Punti di vista

 Giovani sportivi (CD 7, TRACK 1)

Marisa ha incontrato Alberto, un ragazzo con cui suo fratello faceva dello sport alcuni anni fa.

MARISA Come va, Alberto? Sempre appassionato di pallacanestro?

ALBERTO Più che mai! Ho appena finito di giocare contro la squadra torinese.

MARISA E chi ha vinto la partita?

ALBERTO La mia squadra, naturalmente! Il nostro gioco è stato migliore. E poi, siamo più alti; cosa che aiuta, non ti pare?

MARISA Eh, direi!

ALBERTO E voi, cosa c'è di nuovo?

MARISA Nessuna notivà, almeno per me. Ma mio fratello ha ricevuto una lettera, in cui gli offrono un posto come istruttore sportivo per l'estate prossima.

ALBERTO E dove lavorerà?

MARISA In uno dei villaggi turistici della Calabria.

ALBERTO Magnifico! Là potrà praticare tutti gli sport che piacciono a lui, compresi il surf e il windsurf.

MARISA Eh, sì. Sono due degli sport di maggior successo oggi.

ALBERTO Ma tu, con un fratello così attivo negli sport, non ne pratichi qualcuno?

MARISA Certo, ma sono gli sport dei poveri. Faccio del footing e molto ciclismo. Chissà, un giorno forse parteciperò al Giro d'Italia delle donne.

COMPRENSIONE (CD 7, TRACK 2)

Listen to each statement about the dialogue. Circle **È vero** *if the statement is true, and* **Non è vero** *if it is false.*

1. È vero.   Non è vero.   3. È vero.   Non è vero.

2. È vero.   Non è vero.   4. È vero.   Non è vero.

Studio di parole   Attività sportive

A. **Gioco di abbinamento.** *Scegli dalla lista B le definizioni corrette corrispondenti al vocabolario della lista A.*

A

1. ___C___ la palestra

2. ___a___ il tifoso, la tifosa

3. ___j___ la squadra

4. ___g___ la partita

5. ___i___ l'allenatore, l'allenatrice

6. ___b___ il calcio

7. ___h___ la pallavolo

8. ___f___ il ciclismo

9. ___e___ l'atleta

10. ___d___ il premio

B

a. Una persona che fa il tifo per una squadra o un giocatore.

b. Per questo sport ci vogliono undici giocatori per squadra.

c. L'edificio dove una persona si allena.

d. Si prende se si vince.

e. La persona che practica uno sport.

f. Per questo sport è necessario avere una bicicletta.

g. Quando due squadre si incontrano giocano una...

h. Per questo sport ci vogliono sei giocatori per squadra, una rete e una palla.

i. La persona che prepara gli atleti.

j. Quando i giocatori giocano insieme formano una...

B. **Indovinello.** *Per quali sport sono necessarie le seguenti cose?*

1. gli scarponi _____

2. i pattini _____

3. una piscina _nuota_____

4. un canestro _____

5. una rete _la pallavollo_____

6. due porte _____

7. un cavallo _l'equitazione_____

8. una bici _____

9. una racchetta _____

10. una canoa _il canottaggio_____

Punti grammaticali

16.1 I pronomi relativi e i pronomi indefiniti

PRATICA

A. **Ai giochi olimpici.** *Some spectators are talking. Link each pair of sentences by using* **che.**

1. **ESEMPIO**   Quello è l'allenatore. Ha allenato gli Azzurri.
   Quello è l'allenatore che ha allenato gli Azzurri.

1. Ecco una ciclista italiana. È molto brava.

   Ecco una ciclista italiano che è molto brava

2. Il ciclismo è uno sport. Mi piace molto.

   Il ciclismo è uno sport che mi piace molto

3. Ha visto la squadra di pallacanestro? Ha vinto la partita.

   Ha visto la squadra di pallacanestro che ha vinto la partita?

4. Quelle sono le atlete canadesi. Partecipano ai giochi di domani.

   Quelle sono le atlete canadesi che partecipano ai giochi di domani

2. **ESEMPIO**   I tifosi hanno fischiato. Sono francesi.
   I tifosi che hanno fischiato sono francesi.

1. Il campione ha giocato. È anche un appassionato di sci.

   _____

2. La squadra ha perso. Non parteciperà più ai giochi.

   _____

3. Le partite m'interessano. Avranno luogo domani.

   _____

4. La giovane si è seduta. È campionessa di tennis.

   _____

B. _Complete each sentence using_ **cui** _and the appropriate preposition._

    ESEMPIO   Ecco la ragazza **con cui** Pietro esce.

1. Questo è il libro _____ ti parlavo.

2. Sono gli amici _____ noi andiamo a sciare.

3. Ti dirò le ragioni _____ voglio partire.

4. Milano è la città _____ Lorenzo viene.

5. Ecco la casa _____ abbiamo abitato per dieci anni.

6. Franco è l'amico _____ ho telefonato.

7. Ecco il professore _____ devo parlare.

8. Come si chiama la ragazza _____ Gino esce?

C. _You're leaving for Italy, and Lina is asking you about your plans. Answer using_ **quello che,** _according to the example._

    ESEMPIO   Sai cosa farai in Italia?   **So quello che farò.**

1. Sai cosa vedrai? _____.

2. Sai cosa visiterai? _____.

3. Sai cosa comprerai? _____.

4. Sai cosa mangerai? _____.

COMPRENSIONE (CD 7, TRACK 3)

A. *Listen to the model sentence. Then form a new sentence by substituting the noun given. Repeat the response after the speaker.*

    1. **ESEMPIO**   Dov'è il libro che ti ho dato? (la penna)
                   Dov'è la penna che ti ho dato?

    1. _____   2. _____   3. _____   4. _____

    2. **ESEMPIO**   Ecco l'amico che abita a Firenze. (gli amici)
                   Ecco gli amici che abitano a Firenze.

    1. _____   2. _____   3. _____   4. _____

B. *You traveled on the same train as the soccer team. When your friend meets you at the station, you point out the members of the team. Repeat the response after the speaker.*

    ESEMPIO   Questi sono i giocatori con cui ho viaggiato. (l'allenatore)
                 Questo è l'allenatore con cui ho viaggiato.

    1. _____   2. _____   3. _____   4. _____

PRATICA

A. *Gianni wants to know if you met some of the following people while you were in Europe. Answer by replacing* **qualche** *with* **alcuni** *or* **alcune**.

    ESEMPIO   Hai conosciuto qualche attore famoso?
                 Sì, ho conosciuto alcuni attori famosi.

    1. Hai conosciuto qualche attrice famosa?

    _____

    2. Hai conosciuto qualche istruttore di tennis?

    _____

    3. Hai conosciuto qualche campionessa di nuoto?

    _____

    4. Hai conosciuto qualche atleta famoso?

    _____

B. *Answer each question by using* **qualcuno che** *and the cue.*

ESEMPIO   Chi è un atleta? (fa dello sport)
È qualcuno che fa dello sport.

1. Chi è un ciclista? (corre in bicicletta)

_____

2. Chi è un tifoso? (è appassionato di sport)

_____

3. Chi è un giocatore? (gioca una partita)

_____

4. Chi è un allenatore? (allena gli atleti)

_____

C. *Answer each question by using* **qualcosa** *and the adjective in parentheses.*

ESEMPIO   Che cosa hai fatto? (bello)   **Ho fatto qualcosa di bello.**

1. Che cosa hai mangiato? (buono)

_____

2. Che cosa hai letto? (interessante)

_____

3. Che cosa hai ascoltato? (divertente)

_____

4. Che cosa hai visto? (spettacolare)

_____

D. *Complete each sentence with one of the following words:* **quello che, ognuno, tutti, ogni, tutto.**

1. Andate all'università _____ i giorni?

2. Puoi venire a casa mia _____ giorno.

3. _____ volta che il professore mi incontra, mi saluta.

4. Ora so _____ dobbiamo fare!

5. Ieri ho studiato _____ il giorno.

6. Abbiamo invitato _____ gli amici.

7. _____ ha il diritto di essere felice.

COMPRENSIONE (CD 7, TRACK 4)

A. *Your friend Marco is asking if you know some of the following people. Answer using* **alcuni** *or* **alcune**. *Then repeat the response after the speaker.*

ESEMPIO Conosci qualche giocatore di calcio?
Sì, conosco alcuni giocatori di calcio.

1._____ 2. _____ 3. _____ 4. _____

B. *Explain what the following people do. Then repeat the response after the speaker.*

ESEMPIO Chi è un venditore? (vende)
È qualcuno che vende.

1. _____ 2. _____ 3. _____ 4. _____

16.2 Espressioni negative

A. *Answer each question in the negative, using* **niente** *or* **nessuno**.

ESEMPIO Chi hai visto oggi? **Non ho visto nessuno.**
Cosa hai mangiato? **Non ho mangiato niente.**

1. Chi è venuto? _____

2. Cosa hai comprato?_____

3. Con chi hai parlato? _____

4. Cosa hai dimenticato? _____

5. Chi hai incontrato al caffè?_____

6. Cosa hai detto?_____

B. *Your roommate is accusing you of being forgetful. Defend yourself by saying you never did the things you're accused of doing.*

ESEMPIO Tu dimentichi sempre le chiavi!
Io non ho mai dimenticato le chiavi!

1. Tu lasci sempre la porta aperta!

_____

2. Tu perdi sempre le chiavi di casa!

_____

3. Tu fai delle telefonate di un'ora!

_____

4. Tu chiudi fuori il gatto!

_____

5. Tu paghi il conto del telefono in ritardo!

_____

COMPRENSIONE (CD 7, TRACK 5)

A. _Answer each question in the negative using_ **nessuno.** _Then repeat the response after the speaker._

    ESEMPIO   Ha telefonato qualcuno?   **Non ha telefonato nessuno.**

    1. _____   2. _____   3. _____   4. _____   5. _____

B. _Lisa wants to know what you did during your vacation, but unfortunately you did nothing. Answer each question in the negative. Then repeat the response after the speaker._

    ESEMPIO   Hai fatto qualcosa?   **Non ho fatto niente.**

    1. _____   2. _____   3. _____   4. _____

C. _Not many people came to Jim's party because he sent the invitations too late. Tina wants to know who was there. Respond to each question, following the example. Then repeat the response after the speaker._

    ESEMPIO   È venuto Tommaso?   **Non è venuto neanche Tommaso.**

    1. _____   2. _____   3. _____   4. _____

16.3 Il passato remoto

A. _Underline the verbs in the passato remoto tense._

In una piccola città di provincia un contadino festeggiava il suo centesimo compleanno. Un giornalista andò a casa sua per intervistarlo. Voleva conoscere il segreto della sua longevità.

—Qual è il segreto di una lunga vita? domandò il giornalista al contadino. Il contadino, che si sentiva importante, pensò un po' e poi rispose:

—È molto semplice: non fumo, vado a letto presto la sera e, soprattutto, non bevo vino. Non ho mai bevuto una goccia di vino in tutta la mia vita: ecco il segreto.

Mentre i due uomini parlavano, si sentì un gran rumore che veniva dalle scale.

—Che cosa succede? chiese il giornalista.

—Oh, non è niente, disse il contadino, è mio padre che ritorna a casa ubriaco tutte le sere.

B. _Change the verbs in the following paragraph from the passato prossimo to the passato remoto._

    L'anno scorso Bob (ha fatto) _____ un viaggio in Europa perchè voleva visitarla. Quando (è arrivato) _____ in Italia, (ha trovato) _____ che il paese era bello e che la gente era cordiale. Così Bob (ha deciso) _____ di restarci tutta l'estate, perchè l'Italia gli piaceva. (Ha affittato) _____ a l'irenze una carrera che non gli costava molto. Un giorno Bob (ha incontrato) _____ un ragazzo che si chiamava Pietro. Insieme (hanno incominciato)

_____ un lungo viaggio attraverso l'Italia. Una mattina, mentre

facevano l'autostop, (hanno visto) _____ una bella ragazza bionda.

Bob e Pietro (si sono avvicinati) _____ e (hanno domand ito)

_____ dove andava. Lei (ha risposto) _____

che desiderava visit ire il paese. Da que momento i tre (hanno continuato) _____

il viaggio insieme.

16.4 Il gerundio e la forma progressiva

PRATICA

A. *Write a sentence using* **stare** *plus the gerund of the verb in parentheses.*

ESEMPIO   (mangiare/io)   **Sto mangiando.**

1. (recitare/noi) _____

2. (fare la spesa/voi) _____

3. (dire la verità/Franco) _____

4. (bere un caffè/io) _____

5. (andare alla stazione/noi) _____

6. (venire dall'ufficio/tu) _____

7. (mettere in ordine la camera/loro) _____

B. *Write a sentence using* **stare** *plus the gerund, according to the example.*

ESEMPIO   (mentre noi/camminare, abbiamo visto Diana)
Mentre noi stavamo camminando, abbiamo visto Diana.

1. mentre voi/prendere un caffè, è arrivato Paolo

_____

2. quando noi/uscire, si è messo a piovere

_____

3. mentre io/ascoltare il telegiornale, Mimmo ha telefonato

_____

4. poiché loro/mangiare, non siamo entrati

_____

5. mentre l'attore/entrare in scena, è caduto

_____

C. _Replace the subordinate clause with the gerund form of the verb._

ESEMPIO   Mentre passeggiava, ha incontrato Davide.
          Passeggiando, ha incontrato Davide.

1. Mentre sciava, si è rotta una gamba.

_____

2. Poiché non trovavamo la strada, ci siamo fermati tre volte.

_____

3. Poiché avevamo tempo libero, abbiamo visitato un museo.

_____

4. Poiché avevo fretta, non ho fatto colazione.

_____

5. Poiché era in ritardo, si è scusato.

_____

6. Quando ha perduto il lavoro, ha perduto anche la casa.

_____

D. _Replace the underlined words with the corresponding infinitive._

ESEMPIO   Il riposo è necessario.   **Riposare è necessario.**

1. Lo studio è utile. _____

2. Il gioco è piacevole. _____

3. Il fumo fa male alla salute. _____

4. Il lavoro stanca. _____

5. Il nuoto sviluppa i muscoli. _____

E. _Complete each sentence, choosing between the gerund and the infinitive._

1. _(walking)_ _____ per la strada, abbiamo incontrato Marco.

2. _(walking)_ _____ fa bene alla salute.

3. _(reading)_ _____ io ho imparato molte cose utili.

4. *(reading)* _____ è utile e istruttivo.

5. *(thinking)* _____ a mio padre, ho pensato a molti momenti felici.

6. *(thinking))* _____ nobilita lo spirito.

7. *(running)* _____, sono caduto.

8. *(running)* _____ rinforza i muscoli.

9. *(living)* _____, s'imparano molte cose.

10. *(living)* _____ in questa città è molto costoso.

COMPRENSIONE (CD 7, TRACK 6)

A. *A father is giving his son some advice. Listen to the model sentence. Then form a new sentence by substituting the verb given. Repeat the response after the speaker.*

   ESEMPIO   Sbagliando, s'impara. (studiare)
   Studiando, s'impara.

   1. _____ 2. _____ 3. _____ 4. _____ 5. _____ 6. _____ 7. _____

B. *Paola wants to know if you can go out with her, but you can't go because you're too busy. Form a sentence using the gerund of the verb given. Then repeat after the speaker.*

   ESEMPIO   Sto mangiando. (studiare)
   Sto studiando.

   1. _____   2. _____   3. _____   4. _____   5. _____

C. *Restate each sentence, using the gerund and replacing the noun with a pronoun. Then repeat the response after the speaker.*

   ESEMPIO   Aspettiamo i nostri amici.   **Stiamo aspettandoli.**

   1. _____   2. _____   3. _____   4. _____

Adesso scriviamo!

Un'intervista sportiva

Devi scrivere una relazione sportiva per il tuo corso di educazione fisica.

A. *Fai ad un amico* (un'amica) *le seguenti domande e poi organizzale per la tua relazione.*

   1. Qual è il tuo sport preferito?_____

   2. È uno sport di squadra o individuale? _____

   3. Che cosa è necessario avere per praticare questo sport? _____

4. Dove si può praticare? _____

5. Si può praticare in tutte le stagioni? _____

6. Perché ti piace questo sport? _____

7. È popolare nel tuo paese? _____

B. *Ora organizza le risposte del tuo amico (della tua amica) in tre paragrafi.*

_____

_____

_____

_____

_____

_____

_____

_____

_____

_____

Salute e ecologia

Punti di vista

 Dalla dottoressa   (CD 7, TRACK 7)

Nello studio della dottoressa Rovelli, a Bari.

SIGNOR PINI	Buon giorno, dottoressa.
LA DOTTORESSA	Buon giorno, signor Pini, come andiamo oggi?
SIGNOR PINI	Eh, non molto bene, purtroppo. Ho mal di testa, un terribile raffreddore e la tosse.
LA DOTTORESSA	Ha anche la febbre?
SIGNOR PINI	Sì, l'ho misurata ed è alta: trentanove.
LA DOTTORESSA	Sì, vedo che Lei ha una bella influenza. Le scrivo una ricetta che Lei presenterà in farmacia.
SIGNOR PINI	E per la tosse? La notte non posso dormire a causa della tosse.
LA DOTTORESSA	Per la tosse prenderà questa medicina.
SIGNOR PINI	Mi fanno male anche le spalle, le braccia e le gambe.
LA DOTTORESSA	Prenda delle aspirine e vedrà che fra due o tre giorni starà meglio.
SIGNOR PINI	Se non morirò prima....
LA DOTTORESSA	Che fifone! Lei è sano come un pesce!

COMPRENSIONE (CD 7, TRACK 8)

*Listen to each statement about the dialogue. Circle **È vero** if the statement is true, and **Non è vero** if it is false.*

1. È vero.   Non è vero.   3. È vero.   Non è vero.

2. È vero.   Non è vero.   4. È vero.   Non è vero.

Studio di parole Il corpo e la salute

A. **Le parti del corpo.** *Completate le seguenti frasi con le parti del corpo appropriate.*

1. _____ servono per vedere.

2. _____ servono per camminare.

3. _____ servono per masticare.

4. _____ serve per parlare.

5. _____ serve per digerire.

B. **Gioco degli anagrammi.** *Indovina le seguenti parti del corpo cambiando la posizione delle lettere.*

1. DIEPE_____

2. CACRIBO_____

3. MABAG_____

4. LCOOL_____

5. TASTE_____

6. COHICO_____

7. SANO_____

8. NCOCOHIG_____

Punti grammaticali

17.1 Il congiuntivo presente

PRATICA

A. *Change the underlined verb according to each subject in parentheses.*

1. La mamma vuole che <u>io scriva</u> una lettera. (tu, noi, i ragazzi, Pietro)

   _____

   _____

   _____

   _____

2. Il professore desidera che <u>noi finiamo</u> i compiti. (tu, Giacomo, tu e Pietro, noi)

   _____

   _____

   _____

   _____

3. Non credo che <u>Marco parta</u>. (tu, noi, i miei amici, voi)

   _____

   _____

   _____

   _____

4. Il professore spera che <u>tu parli</u> italiano. (noi, i suoi studenti, sua figlia, tu e Pietro)

   _____

   _____

   _____

   _____

B. *Respond to each statement in the affirmative or negative, using the cue in parentheses and following the example.*

    ESEMPIO   Voglio fare l'infermiere. (necessario / prendere una laurea)
           Non è necessario che tu prenda una laurea.

1. Mio cugino vuole essere indipendente. (importante / lavorare)

    _____

2. Voglio incominciare a lavorare. (necessario / finire gli studi)

    _____

3. Voi volete dimagrire. (indispensabile / mangiare di meno)

    _____

4. La nonna vuole guarire. (importante / prendere le medicine)

    _____

5. La ragazza vuole dimenticare. (ora / divertirsi)

    _____

6. Gli studenti vogliono imparare. (meglio / studiare)

    _____

7. Noi abbiamo un grosso raffreddore. (bene / telefonare al dottore)

    _____

COMPRENSIONE (CD 7, TRACK 9)

A. *Listen to the model sentence. Then form a new sentence by substituting the noun or pronoun given. Repeat the response after the speaker.*

    1. ESEMPIO   Voglio che tu parta. (lei)
                Voglio che lei parta.

    1. _____   2. _____   3. _____   4. _____   5. _____

    2. ESEMPIO   Sperano che tu ti diverta. (noi)
                Sperano che noi ci divertiamo.

    1. _____   2. _____   3. _____   4. _____   5. _____   6. _____

B. *Listen to the model sentence. Then form a new sentence by substituting the noun or pronoun given. Repeat the response after the speaker.*

    ESEMPIO   Bisogna che tu studi di più. (io)
           Bisogna che io studi di più.

    1. _____   2. _____   3. _____   4. _____   5. _____   6. _____

17.2 Il congiuntivo presente dei verbi irregolari

PRATICA

Respond to each statement by using **Sono contento(a) che...** *or* **Mi dispiace che...**

ESEMPIO   Domani vengono i nostri parenti.
              Sono contento(a) che domani vengano i nostri parenti.

1. La disoccupazione è alta.

   _____

2. La pizza ha molte calorie.

   _____

3. L'America vuole aiutare i paesi poveri.

   _____

4. I miei genitori vanno in vacanza.

   _____

5. Mio nonno non può fare una passeggiata ogni giorno.

   _____

6. Tu stai sempre a casa solo.

   _____

7. Le persone generose danno il loro aiuto ai poveri.

   _____

8. Marisa viene con noi al mare.

   _____

COMPRENSIONE (CD 7, TRACK 10)

A. *Express your regret that the following people cannot come to your party. Follow the example. Then repeat the response after the speaker.*

ESEMPIO   Mi dispiace che tu non possa venire. (Anna)
              Mi dispiace che Anna non possa venire.

1. _____   2. _____   3. _____   4. _____

B. *Listen to the model sentence. Then form a new sentence by substituting the noun or pronoun given. Repeat the response after the speaker.*

ESEMPIO È meglio che voi sappiate la verità. (io)
È meglio che io sappia la verità.

1. _____ 2. _____ 3. _____ 4. _____ 5. _____

17.3 Il congiuntivo passato

PRATICA

A. *Claudio went skiing for the day, but it's midnight and he still hasn't returned. Describe his mother's fears of what may have happened, starting each sentence with* **Ho paura che** *and changing the verb to the present perfect subjunctive.*

ESEMPIO Forse ha avuto un incidente. **Ho paura che abbia avuto un incidente.**

1. Forse ha perso la strada.

   _____

2. Forse ha avuto dei problemi con la macchina.

   _____

3. Probabilmente ha accompagnato a casa gli amici.

   _____

4. Forse hanno bloccato la strada per la neve.

   _____

5. Forse è caduto dagli sci.

   _____

6. Forse si è rotto una gamba.

   _____

7. Forse è andato all'ospedale.

   _____

B. *React to each statement, completing your sentence as in the example.*

ESEMPIO La conferenza sull'ecologia è stata un successo.
Sì, credo che la conferenza sull'ecologia **sia stata un successo**.

1. I miei genitori hanno deciso di abitare in campagna.

   Sono contento(a) che _____.

2. Molta gente ha incominciato a riciclare.

Sì, credo che _____.

3. Tutti i giovani hanno capito che l'inquinamento è un problema serio.

Dubito che _____.

4. Ho abbandonato gli studi in medicina.

Mi dispiace che _____.

5. L'effetto serra è aumentato.

Sì, ho paura che _____.

C. *You're trying to find an explanation for the following situations. Start each statement with* **Può darsi che** *and complete with the present perfect subjunctive of the verb in parentheses.*

ESEMPIO　　Il professore è arrivato in ritardo. (alzarsi tardi oggi)
　　　　　　Può darsi che si sia alzato tardi oggi.

1. Pietro non ha risposto al telefono. (uscire)

_____

2. Alcuni studenti hanno l'aria stanca. (non dormire la notte scorsa)

_____

3. Il dottore mi ha ordinato degli antibiotici. (tu / avere un'infezione)

_____

4. Mi fanno male i denti. (tu / mangiare troppi dolci)

_____

5. Il dentista non ha risposto alla mia telefonata. (non ricevere il messaggio)

_____

D. *Marta seems to know something about everyone and everything. Re-create her statements according to the example. Start with* **Si dice che, Pare che,** *or* **Sembra che** *and use the present or present perfect subjunctive as required.*

ESEMPIO　　Il dottor Rossi sposerà la sua infermiera.
　　　　　　Si dice che il dottor Rossi sposi la sua infermiera.

1. Il figlio minore del signor Santi è operaio a Torino.

_____

2. Il figlio maggiore è diventato un giudice importante.

_____

3. Mirella ha l'influenza.

_____

4. I due fratelli di Renzo emigreranno in Svizzera.

_____

5. Un bicchiere di vino rosso al giorno fa bene alla salute.

_____

6. Il figlio del dottor Rossi vuole diventare chirurgo.

_____

COMPRENSIONE (CD 7, TRACK 11)

A. _Listen to the model sentence. Then form a new sentence by substituting the noun or pronoun given and making all necessary changes. Repeat the response after the speaker._

1. **ESEMPIO** Mia madre spera che tu non abbia visto quel film. (noi)
Mia madre spera che noi non abbiamo visto quel film.

1. _____ 2. _____ 3. _____ 4. _____

2. **ESEMPIO** Mimmo non crede che Lucia sia uscita. (io)
Mimmo non crede che io sia uscito.

1. _____ 2. _____ 3. _____ 4. _____

B. _Pietro's boss hopes he has completed several chores before he comes back in the afternoon. Change each sentence to express his hopes. Then repeat the response after the speaker._

ESEMPIO Non ha messo in ordine l'ufficio.
Spera che abbia messo in ordine l'ufficio.

1. _____ 2. _____ 3. _____ 4. _____ 5. _____

17.4 Suffissi con nomi e aggettivi

Describe each person or thing by adding the appropriate suffix.

ESEMPIO Che giornata! Piove! **Che giornataccia!**

1. Che ragazzo! Dice sempre bugie!_____

2. Che lettera! Ci sono solo tre righe! _____

3. Che bambino! È così grosso! _____

4. Che casa piccola! Però è carina!_____

5. Che libro pesante! Avrà almeno mille pagine! _____

6. Che begli occhi! Come sono grandi!_____

7. Che mani! Come sono piccole! _____

8. Che professore! Quante cose sa! _____

COMPRENSIONE (CD 7, TRACK 12)

Form a new phrase by using the same noun with the appropriate suffix. Then repeat the phrase after the speaker.

ESEMPIO una piccola parola   **una parolina**

1. _____ 2. _____ 3. _____ 4. _____ 5. _____

6. _____ 7. _____ 8. _____ 9. _____ 10. _____

Adesso scriviamo!

Il (la) partner ideale

Scrivi una descrizione del tuo (della tua) partner ideale. Usa espressioni come «Spero che», «voglio che», «desidero che», e simili.

_____

_____

_____

_____

_____

_____

_____

Arte e teatro

Punti di vista

 ## Musica operistica o musica elettronica? (CD 7, TRACK 13)

Giuseppe Mangiapane e tre suoi amici hanno messo insieme un piccolo gruppo rock, che ha un certo successo. Giuseppe suona la chitarra elettrica, e gli altri tre suonano la batteria, il piano e la chitarra. Oggi i quattro ragazzi sono a casa di Giuseppe e suonano i loro strumenti un po' troppo entusiasticamente. Dopo un paio d'ore la mamma entra nel soggiorno.

MAMMA   Giuseppe... Giuseppe! Adesso dovreste smettere di suonare prima che mi venga un gran mal di testa.

GIUSEPPE   Ti prego, mamma, lasciaci suonare ancora un po'. E poi... lo sai che adesso mi chiamo Paco Pank!

MAMMA   Paco Pank? Che bisogno avevi di cambiarti il nome? Giuseppe Mangiapane non ti andava bene?

GIUSEPPE   Se il mio nome d'arte fosse Giuseppe Mangiapane, come potrei essere famoso nel mondo del rock?

MAMMA   Beh, famoso... è troppo presto per dirlo. Ricordati che riesce solo chi ha talento.

GIUSEPPE   In questa casa nessuno mi capisce! A papà per esempio, piace solo la musica operistica e non vuole ascoltare nient'altro. Però se un giorno diventerò famoso, grazie alla musica rock, tu e papà sarete orgogliosi di me.

MAMMA   Va bene, ma per il momento sarei contenta se tu suonassi meno forte; mi sembra che questo sia fracasso, non musica.

GIUSEPPE   È inutile discutere con voi! Siete rimasti all'epoca di Giuseppe Verdi.

COMPRENSIONE (CD 7, TRACK 14)

Listen to each statement about the dialogue. Circle È vero *if the statement is true, and* Non è vero *if it is false.*

1. È vero.   (Non è vero.)   3. (È vero.)   Non è vero.
2. (È vero.)   Non è vero.   4. (È vero.)   Non è vero.

Studio di parole   Le arti e il teatro

A. **I verbi dell'arte.** *Completa le seguenti frasi, scegliendo la forma appropriata dei seguenti verbi: dipingere, scolpire, comporre, recitare, applaudire, fischiare.*

1. Michelangelo _scolpire_ il «Davide».

2. Leonardo _dipingere_ la «Gioconda».

3. Giuseppe Verdi _comporre_ il «Nabucco».

4. Un attore _recitare_ una parte.

5. Il pubblico _applaudire_ una brava attrice.

6. Il pubblico _fischiare_ un brutto spettacolo.

B. **Lo spettacolo che preferisco.** *Fai una lista delle cose che si trovano nello spettacolo che preferisci. Scegli tra un'opera, un concerto o una mostra in un museo.*

_____

_____

_____

_____

Punti grammaticali

18.1 Congiunzioni + congiuntivo

A. *Rewrite each sentence, using the cue in parentheses and* **purché** *+ subjunctive, as in the example.*

ESEMPIO   Ti presterò il libro.   (restituirmelo subito)
Ti presterò il libro purché tu me lo restituisca subito.

1. Ti aspetterò.   (arrivare in orario)

   Ti aspetterò purché arrivi in orario

2. Andrò all'opera.   (il biglietto, non costare troppo)

   Andrò all'opera purché il biglietto non costi troppo

3. Ti porterò alla mostra d'arte.   (averne il tempo)

   Ti porterò alla mostra d'arte ne abbia il tempo

4. Imparerò a dipingere.   (trovare un bravo insegnante)

   Imparerò a dipingere purché trovi un bravo insegnante

5. Ti farò il ritratto.   (tu, darmi un po' di tempo)

   Ti farò il ritratto purché tu me dia un po' di tempo

6. Andrò al concerto.   (qualcuno / accompagnarmi)

   Andrò al concerto purché qualcuno me accompagni

B. *Mirella is a very generous person. State to whom, and why, she is lending her things, using* **perché** *or* **affinché** *+ subjunctive, as in the example.*

ESEMPIO   (macchina/migliore amica/andare alla spiaggia)
Presta la macchina alla sua migliore amica perché vada alla spiaggia.

1. soldi/fratello/comprarsi un violoncello

   Presta soldi al suo fratello perché si compri un violoncello

2. appunti/compagna/potere studiare

   Presta appunti alla compagna perché possa studiare

3. orologio/cugina/essere puntuale a un'intervista

   presta l'orologio alla sua cugina perché sia puntuale a un'intervista

4. biglietto/Maria/andare a teatro

presta il biglietto alla Maria perché vada a teatro

5. libretto/a Massimo/capire l'opera

presta il libretto a Massimo perché capisce l'opera

C. *Rewrite each sentence, using* **benché**, **sebbene**, *or* **per quanto** + *subjunctive as in the example.*

    ESEMPIO   È anziano, ma nuota ogni giorno.
                Benché sia anziano, nuota ogni giorno.

1. Si vogliono bene, ma litigano spesso.

    _____

2. Non ha molti soldi, ma ne presta agli amici.

    _____

3. Non ha talento, ma insiste a dipingere.

    _____

4. I suoi genitori sono poveri, ma lo hanno mandato al conservatorio.

    _____

5. State peggio, ma volete uscire.

    _____

D. *Before leaving on vacation, Gianna gives instructions to Laura, who will be taking care of her house.*

    ESEMPIO   (chiudere la porta/uscire)   **Chiudi la porta prima di uscire.**

1. (dare da mangiare al gatto/andare in classe)

    _____

2. (prendere la chiave/uscire)

    _____

3. (guardare che ore sono/uscire di casa)

    _____

4. (mettere il gatto dentro/chiudere la porta)

    _____

COMPRENSIONE (CD 7, TRACK 15)

A. *Listen to the model sentence. Then form a new sentence by substituting the noun or pronoun given and making all necessary changes. Repeat the response after the speaker.*

1. **ESEMPIO**   Noi verremo stasera purché siamo liberi. (tu)
Tu verrai stasera purché sia libero.

1. _____   2. _____   3. _____   4. _____

2. **ESEMPIO**   Io rivedrò il film, benché l'abbia già visto. (lui)
Lui rivedrà il film, benché l'abbia già visto.

1. _____   2. _____   3. _____   4. _____

B. *Combine each pair of sentences into a single statement, using the cue and the appropriate form of the subjunctive. Then repeat the response after the speaker.*

ESEMPIO   Dobbiamo uscire. Piove. (prima che)
Dobbiamo uscire prima che piova.

1. _____   2. _____   3. _____   4. _____   5. _____   6. _____

18.2 L'imperfetto del congiuntivo

PRATICA

A. **Volevo che...** *Lisa gave a party, but her friends failed to do what she wanted them to do.*

ESEMPIO   (Marisa/portare una torta)   **Volevo che Marisa portasse una torta.**

1. (Pio e Lina/comprare il gelato)

_____

2. (Pietro/invitare suo cugino)

_____

3. (tu/mandare gli inviti)

_____

4. (mio fratello/bere di meno)

_____

5. (voi/stare più a lungo)

_____

6. (Teresa/essere gentile)

_____

B. **Bisognava che...** *Your trip to the mountains wasn't successful because you and your friends should have done the following things.*

ESEMPIO (Luisa/preparare i panini) **Bisognava che Luisa preparasse i panini.**

1. (Lino e Carlo/portare i sacchi a pelo)

_____

2. (Anna /fare i preparativi con attenzione)

_____

3. (voi/non dimenticare i fiammiferi [*matches*])

_____

4. (tu/ascoltare le previsioni del tempo [*weather forecast*])

_____

5. (noi/conoscere la strada)

_____

C. **Avevano paura che...** *Tina and Lisetta spent a week camping and had a wonderful time. But before arriving, they were afraid that many things might happen.*

ESEMPIO esserci degli orsi (*bears*) **Avevano paura che ci fossero degli orsi.**

1. piovere

_____

2. fare freddo

_____

3. essere difficile montare la tenda

_____

4. Lisetta sentirsi male

_____

5. non esserci acqua

_____

6. agli orsi piacere il loro cibo (*food*)

_____

D. *Change the infinitive to the present subjunctive or the imperfect subjunctive accordingly.*

1. Andrò al concerto all'aperto benché (piovere) _____.

2. Siamo partite benché (fare brutto tempo) _____.

3. È necessario che tu (guadagnare) _____ di più.

4. Era necessario che gli attori (recitare) _____ meglio.

5. Non è possibile che (non piacerti) _____ i quadri di Modigliani.

6. Telefonerò a Carlo prima che lui (partire) _____.

7. Ti presto i miei acquerelli (*watercolors*) purché tu (restituirmeli)_____.

8. Preferirei che tu (stare) _____ a casa.

9. Ti telefonerò a meno che tu non (uscire) _____.

10. Era meglio che tu (comprare) _____ un quadro astratto.

COMPRENSIONE   (CD 7, TRACK 16)

A. *Listen to the model sentence. Then form a new sentence by substituting the noun or pronoun given. Repeat the response after the speaker.*

1. **ESEMPIO**   Pensavano che io comprassi una Ferrari. (tu)
   Pensavano che tu comprassi una Ferrari.

1. _____   2. _____   3. _____   4. _____   5. _____

2. **ESEMPIO**   Vorrebbero che io facessi un viaggio. (tu)
   Vorrebbero che tu facessi un viaggio.

1. _____   2. _____   3. _____   4. _____

B. *Form sentences using the cues. Then repeat the response after the speaker.*

ESEMPIO   (il treno / essere in ritardo)
   Avevamo paura che il treno fosse in ritardo.

1. _____   2. _____   3. _____   4. _____

18.3 Il trapassato del congiuntivo

PRATICA

A. *Complete each sentence in the pluperfect subjunctive.*

ESEMPIO   Pensavo che lui (guadagnare) **avesse guadagnato** molto.

1. Credevo che tu non (capire) _____.

2. Speravamo che Giulia lo (fare) _____.

3. Pensavamo che voi (dimenticare) _____ tutto.

4. Era meglio che io non (rispondere) _____.

5. Credevo che tu (prepararti) _____.

6. Non sapevo che tu (essere) _____ in Cina.

B. *Form a sentence using the pluperfect subjunctive, as in the example.*

ESEMPIO (speravamo/loro scrivere) **Speravamo che loro avessero scritto.**

1. (speravo/tu leggere le novelle del Boccaccio)

_____

2. (dubitavo/il critico/capire l'autore)

_____

3. (era necessario/voi/dire qualcosa)

_____

4. (era meglio/noi/andare al concerto)

_____

5. (non sapevo/tu/ricevere un premio)

_____

6. (avevo paura/loro/vendere tutti i biglietti per l'opera)

_____

C. *Complete each sentence with the correct form of the verb in parentheses.*

ESEMPIO Se io (avere) **avessi** la macchina, (fare) **farei** un viaggio.

1. Se io (essere) _____ milionario, (comprare) _____ una casa.

2. Se io (abitare) _____ in Italia, (andare) _____ in vacanza ogni anno.

3. Se io non (sapere) _____ guidare, (imparare) _____.

4. Se io non (dovere) _____ lavorare, mi (divertire) _____ tutto il giorno.

5. Se io (potere) _____ dipingere, (dipingere) _____ una natura morta.

6. Se io (avere) _____ due mesi di vacanza, (andare) _____ in Oriente.

7. Se io (avere) _____ un Picasso autentico, lo (vendere) _____.

D. *Complete each sentence according to the example.*

ESEMPIO Ti avrei fatto una foto se (avere) **avessi avuto** la macchina fotografica.

1. Non avresti avuto un incidente se (stare) _____ attento.

2. Non avremmo perduto la strada se (studiare) _____ la carta geografica prima di partire.

3. Avremmo visto molte sculture del Rinascimento se (visitare) _____ Firenze.

4. Non sarebbe stato male se non (bere) _____ così tanto.

5. Non avrebbe fatto il musicista se non (avere) _____ talento.

6. Non avrei sentito un concerto di musica sinfonica se mia madre non mi (invitare)

   _____ a teatro.

E. *Complete each sentence, choosing between the indicative and the subjunctive.*

1. Avrei preso un bel voto se (studiare) _____.

2. Se (fare) _____ bel tempo, andrò alla spiaggia.

3. Se Lia (finire) _____ presto, visiterà una galleria d'arte.

4. Se noi (essere) _____ liberi, verremo al tuo spettacolo.

5. Se tu (parcheggiare) _____ la macchina qui, il poliziotto ti dà una multa.

6. Se tu (vedere) _____ il film su Leonardo da Vinci, ti sarebbe piaciuto.

7. Se la macchina non (funzionare) _____, la porterai dal meccanico.

8. Se tu (abitare) _____ in montagna, potresti sciare ogni giorno.

COMPRENSIONE (CD 7, TRACK 17)

A. *Listen to the model sentence. Then form a new sentence by substituting the noun or pronoun given. Repeat the response after the speaker.*

ESEMPIO Credevano che io avessi scritto. (tu)
Credevano che tu avessi scritto.

1. _____ 2. _____ 3. _____ 4. _____ 5. _____

B. *Gino thought that the following people had arrived in his city. Re-create his statements, substituting the noun or pronoun given, as in the example. Then repeat the response after the speaker.*

ESEMPIO Pensavo che tu fossi arrivato. (Franco)
Pensavo che Franco fosse arrivato.

1. _____ 2. _____ 3. _____ 4. _____

18.4 Il congiuntivo: Uso dei tempi

PRATICA

A. *Change each sentence to the past.*

    ESEMPIO   Voglio che tu venga.   **Volevo che tu venissi.**

    1. È necessario che tu studi.

    _____

    2. Bisogna che io lavori di più.

    _____

    3. Spero che faccia bel tempo.

    _____

    4. Dubito che lui mi scriva.

    _____

    5. È inutile che loro gli telefonino.

    _____

B. *Change each sentence from the present to the past.*

    ESEMPIO   Ho paura che Giovanni sia malato.
                    Avevo paura che Giovanni fosse malato.

    1. Abbiamo paura che il tenore non venga.

    _____

    2. È necessario che tu parli a tuo padre.

    _____

    3. Bisogna che io studi storia dell'arte.

    _____

    4. Desidero che i miei genitori mi comprino un pianoforte.

    _____

    5. Spero che il professore mi dica che ho del talento artistico.

    _____

    6. Dubito che loro mi dicano la verità.

    _____

7. Abbiamo paura che mia sorella non stia bene.

_____

C. *Rewrite each sentence in the past.*

ESEMPIO　Vorrei che tu mi scrivessi.　**Avrei voluto che tu mi avessi scritto.**

1. Preferirei che tu ci andassi.

_____

2. Vorremmo che voi studiaste di più.

_____

3. Mio padre preferirebbe che io lavorassi.

_____

4. Vorresti che io ti prestassi dei soldi?

_____

5. Mi piacerebbe che voi risparmiaste.

_____

D. *Change the infinitive to either the past subjunctive or to the pluperfect subjunctive, as required.*

1. Credo che Luigi (laurearsi) _____ l'anno scorso.

2. Credevamo che Giacomo (partire) _____ un mese fa.

3. Penso che Teresa (incontrare) _____ Marco ieri sera.

4. Pensavo che tu non (lavorare) _____ l'anno scorso.

5. Non credo che Giulia (arrivare) _____ ieri sera.

6. Dubitavo che lui (essere) _____ in Italia tre anni fa.

7. Spero che la festa (piacerti) _____ ieri sera.

8. Non sapeva che Marco Polo (scrivere) _____ *Il Milione.*

9. Non credo che Giovanni (divertirsi) _____ ieri sera.

COMPRENSIONE　(CD 7, TRACK 18)

A. *Change the following sentences from the present to the past, according to the example. Then repeat the response after the speaker.*

ESEMPIO　È necessario che tu lavori.
　　　　　　Era necessario che tu lavorassi.

1. _____　　2. _____　　3. _____　　4. _____　　5. _____

B. *Restate each sentence, changing the present subjunctive to the present perfect subjunctive. Then repeat the response after the speaker.*

ESEMPIO   È contenta che io vada in Italia.
              È contenta che io sia andato in Italia.

1. _____   2. _____   3. _____   4. _____

Adesso scriviamo!

Se fossi un artista

Scrivi se ti piacerebbe essere un(un')artista e che tipo di artista.

A. *Rispondi alle seguenti domande per mettere in ordine i tuoi pensieri.*

1. Che tipo di artista ti piacerebbe essere? Un pittore (una pittrice)? Un commediografo (una commediografa)? Un compositore (una compositrice)?_____

2. In che epoca avresti voluto vivere? Perché? _____

3. Che opere avresti compiuto?_____

4. Saresti diventato famoso prima o dopo la morte? _____

5. Dove sarebbero le tue opere? _____

B. *Ora scrivi tre paragrafi sul tuo sogno usando le tue risposte alle domande.*

_____

_____

_____

_____

_____

_____

_____

_____